진주의 | 키토 다이어트 | 도시락

진주의 키토 다이어트 도시락
ⓒ 진주, 2019

초판 1쇄 2019년 5월 22일 펴냄
초판 3쇄 2020년 6월 25일 펴냄
개정판 1쇄 2021년 2월 22일 펴냄

지은이 진주
감수 송재헌
펴낸이 김성실
책임편집 김성은
표지디자인 이창욱
사진 안현지
요리 어시스트 신경숙
도움주신 곳 (사)전국한우협회, 한우자조금관리위원회, 한돈자조금관리위원회
제작 한영문화사

펴낸곳 원타임즈   등록 제313-2012-50호(2012. 2. 21)
주소 03985 서울시 마포구 연희로 19-1 4층
전화 02)322-5463   팩스 02)325-5607
전자우편 sidaebooks@daum.net

ISBN 979-11-88471-30-0 (13590)

잘못된 책은 구입하신 곳에서 바꾸어 드립니다.

진주의 키토 다이어트 도시락

진주 지음 | 송재현 감수

마음껏 먹고도 25kg 감량한 저탄고지 요리 연구가의 다이어트 레시피

너희는 점심으로 무엇을 먹을까,
무엇을 마실까 염려하지 말라
너희를 위해 키토 도시락을 준비했으니
푸짐하고 풍성한 식사를 통해
기름지고 든든한 날을 보내리라
이는 저탄고지 요리 연구가 진주의
도움으로 행해지리라.

— 키토복음 9장 19절

프롤로그

부부 합산 46.4kg을 감량했어요

돌이켜 보면 학교에 다닐 때나 직장 생활을 할 때, 집에 가는 시간 다음으로 점심시간이 가장 즐거웠어요. 점심시간에는 공식적으로 친구나 동료와 수다도 떨 수 있고, 잠깐 엎드려 쪽잠을 자거나 책을 읽는 등 휴식도 취할 수 있지요. 무엇보다 남은 오후를 위해 에너지 충전을 할 수 있는 식사가 기다리고 있으니까요. 이토록 의미 있는 시간에 먹는 행복을 포기하고 대충 한 끼 때우고 마는 건 있을 수 없는 일이지요.

저탄고지 식단을 하면 맘 놓고 사 먹을 만한 음식이 많지 않은 게 현실이에요. 그러다 보니 식단을 시작하면서부터 자연스럽게 남편의 도시락을 챙기게 되었어요. 남편의 도시락을 준비하면서 가장 먼저 생각한 것은 '뭔들 사 먹는 것보다는 낫겠지!'였어요. 부부가 함께 식이를 하면서 살도 빠지고 건강이 좋아지는 등 몸에 변화가 오기 시작했어요. 남편의 도시락을 준비하는 건 당연한 일상인 동시에 빠뜨리지 않고 꼭 챙기는 일과가 되었지만 그렇다고 도시락을 위해 따로 특별한 요리를 준비하는 건 무리예요. 저는 늘 해먹는 저탄고지 요리를 남편의 도시락으로 싸주고 있어요. 보통은 저녁 식사를 넉넉하게 만들어 미리 덜어 두었다가 다음 날 남편의 도시락으로 싸주는 편이에요.

저탄고지 요리를 연구하면서 새로운 음식을 만들고 개발하는 것이 직업인 저는 직장인에 비해 요리할 시간이 많아요. 직장인의 경우 퇴근 후 따로 시간을 내어 매일 도시락을 준비한다는 건 결코 쉬운 일이 아니지요. 그래서 《진주의 키토 다이어트 도시락》을 준비하며 염두에 둔 것이 있어요. 그것은 복잡한 과정을 거쳐 최고의 맛을 내는 조리법보다는 '구하기 쉬운 재료로 만들기 쉽고 조리가 간편하면서도 맛있는 요리를 하자'였어요. 이 책에 소개된 모든 요리는 도시락 메뉴로도 좋지만 일상 저탄고지 식사로도 손색이 없답니다.

잡지 속 사진처럼 고급스러운 용기에 도시락을 예쁘고 멋지게 담아가는 것은 비현실적이기에 일반적으로 직장인들이 주로 사용하는 용기를 사진으로 보여줬어요. 실제로 남편에게 싸주는 도시락이기도 해요. 매일 도시락을 준비하는 사람의 입장에서 단일 품목으로 영양이나 맛에서 만족스러울 만한 것들로 메뉴를 골랐어요. 무엇보다 충분히 배가 부를 정도의 양으로 푸짐하게 먹을 수 있도록 했어요. 사이드 메뉴를 조금만 곁들여도 2인분 같은 1인분이 될 만큼의 메뉴가 꽤 있어요.

많은 양을 만들어야 제맛이 나거나 재료의 특성상 특별한 이유가 있지 않은 한 1인분이나 2인분을 기준으로 계량했습니다.

이렇게 잘 먹고도 살이 빠지는 즐거움은 이루 말할 수 없지요. 친구들의 부러움과 관심은 덤이에요. 염증과의 싸움에서 벗어나 건강해지는 내 몸을 눈으로, 수치로 확인할 수 있음은 더 이상의 설명이 필요 없답니다. 맛있는 도시락으로 어디에서나 키토식을 즐겨 보세요.

_진주(저탄고지 요리 연구가)

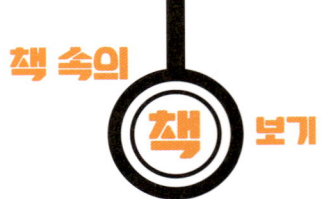

책 속의 책 보기

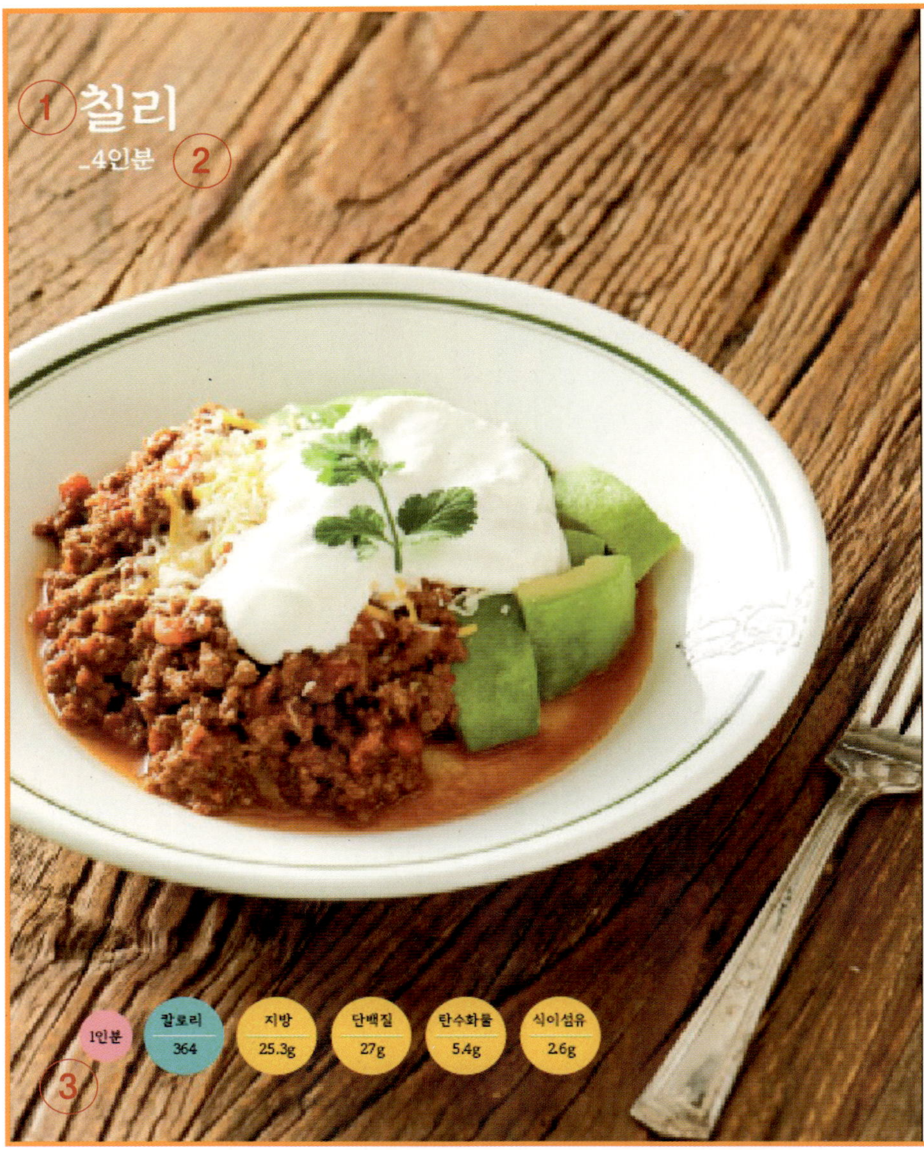

1 칠리
_4인분 2
1인분
칼로리 364
지방 25.3g
단백질 27g
탄수화물 5.4g
식이섬유 2.6g
3

5

추운 겨울에
울푸드 느낌
듬뿍 넣어 만
니다.

6

재료

다진 돼지고기 250g
다진 소고기 250g
캔토마토[팁] 400g
피망 큰 것 1/2개
양파 50g
사골육수 250ml
라드 1큰술
칠리파우더 1큰술
오레가노 1/2작은술
큐민가루 1/2작은술
코리앤더가루[팁] 1/2작은술
리퀴드 아미노스 1큰술
애플사이더식초 1/2큰술
90% 다크초콜릿 10g
소금, 후추 약간

팁

8

캔토마토는 으깬 것,
깍둑 썬 것, 갈아놓은
홀토마토 어느 것이든 좋
홀토마토는 나무주걱으
으깨면서 끓이면 돼요

코리앤더가루는
고수 씨앗 가루예요.

팁

큼한 칠리 한 그릇은 칠리를 먹으며 자라지 않은 사람에게도 소
식에서는 발효되지 않은 콩을 먹지 않기 때문에 콩 대신 고기를
보카도에 칠리를 얹고 사워크림을 곁들여 먹으면 아주 든든하답

피망과 양파는 잘게 잘라둔다.
냄비에 라드를 녹이고 피망과 양파를 볶는다.
양파가 투명하게 익으면 다진 돼지고기와 다진 소고기를 넣고
소금과 후추로 밑간한 후 칠리파우더, 오레가노, 큐민가루, 코
리앤더가루를 넣어 섞으며 볶는다.
고기가 반쯤 익으면 사골육수, 캔토마토, 리퀴드 아미노스, 애
플사이더식초, 초콜릿을 넣고 끓인다.
4가 끓으면 약불로 줄여 가끔씩 저어주며 40분 이상 뭉근하게
끓인다.
부족한 간은 소금과 후추로 한다.

5번 과정 중 국물이 졸아들면
사골육수를 조금씩 더 넣어요.

포인트
1 칠리는 오래 뭉근하게 끓여야 맛이 어우러지니 끓이는 시간을 줄이
지 않는게 좋아요.
2 도시락을 쌀 땐 용기에 막둑 썬 아보카도를 담고 칠리를 얹은 후 치
즈만 뿌리고 사워크림은 따로 가져가세요. 전자레인지에 칠리를 데
운 후 사워크림을 얹어 먹으면 됩니다. 아보카도가 없을 땐 사워크림
과 체더치즈만 곁들여 먹어도 좋아요.

1. 요리명
2. 요리의 양(몇 인분)
3. 1인분 혹은 1개, 1조각의 칼로리, 지방, 단백질, 탄수화물, 식이섬유(2~3인분의 경우 3인분, 3~4인분의 경우 4인분 기준으로 1인분을 계산함)
4. 도시락으로 싸 가기 좋은 요일
5. 요리에 관한 이야기
6. 재료
7. 만들기
8. 재료 팁은 번호 없이 순서대로
9. 과정 팁에는 과정 번호를 넣어 보기 쉽게
10. 포인트

알아 두면 좋아요

- 이 책에 사용된 대부분의 식재료는 창고형 마트나 동네 슈퍼, 편의점 등에서 구할 수 있고, 일부는 해외 직구 사이트를 이용했어요.
- 칼로리는 지방에 대한 두려움만 없앤다면 무리하게 과식하지 않는 한 예민하게 따질 필요가 없어요.
- 요리마다 적정 1인분 및 개당 칼로리, 지방, 단백질, 탄수화물, 식이섬유를 수치로 볼 수 있어요.
- 요일별 표시는 주말에 만들어 두었다가 월요일이나 화요일에 가져가면 좋은 것들, 도시락 싸기 슬슬 귀찮아지는 수요일이나 목요일, 미리 소분 후 냉동하여 목요일이나 금요일에 가져가면 좋은 것들을 월, 월화, 월화수, 수, 수목, 수목금, 목금, 금 등으로 나누어 표시했어요. 상황에 맞게 도시락을 싸보세요.
- 팁은 재료에 대한 이해를 돕고 요리를 만드는 방법을 설명했어요.
- 포인트는 곁들이면 좋은 사이드 메뉴와 재료에 대한 이해 및 먹는 방법을 설명했어요.

키토 다이어트 도시락,
자알 먹겠습니다.

CONTENTS

저탄고지 식생활의 마지막 퍼즐을 맞추다
진주의 키토 다이어트 도시락

프롤로그 _부부 합산 46.4kg을 감량했어요 … 6
책 속의 책보기 … 8
알아 두면 좋아요 … 9
다이어트의 비결, 살이 쏙쏙 빠지는 키토 도시락 편하게 준비하기 … 20
    밀 프렙(meal prep)/만들어 두면 도시락 싸기 편해요/사두면 도시락 싸기 유용해요
현실감 있는 도시락 용기 … 23
    도시락 용기는 이렇게 사용해요/극강의 비주얼을 자랑하는 보틀샐러드 용기
이런 도구가 있으면 편해요 … 25
저탄고지 요리에 사용한 재료들(사진) … 26
입맛을 결정하는 양념 … 28
    리퀴드 아미노스/올리브오일/코코넛오일/아보카도오일/라드/버터/기버터/생들기름/액젓/안초비 페이스트
    식초/캔토마토/토마토 페이스트/생크림/사워크림/코코넛밀크/스리라차/마요네즈/무설탕케첩/머스터드/후추/대장부
허브류 … 32
    세이지/고수/오레가노/파슬리/월계수
스파이스류 … 34
    케이준 시즈닝/커리파우더/칠리파우더/마늘가루/파프리카가루/강황가루
가루류 … 36
    베이킹파우더/아몬드가루/그린바나나파우더/에리스리톨/구운소금
마음껏 먹어도 좋아요 … 40
    고기-소고기/돼지고기/닭고기
    가공식품-소시지/베이컨
    채소-샐러드용 잎채소/양배추
가지고 다니면 좋아요 … 41
    포션 버터/스트링 치즈 등 포션 치즈/90퍼센트 이상 초콜릿/마카다미아, 피칸 등 견과류/삶은 달걀
    올리브/올리브오일 정어리 통조림/올리브오일 훈제굴 통조림/넛버터
외부 식사나 회식에 도움돼요 … 43
    국물류/면과 밥/고깃집/비빔밥/소스와 드레싱/술/커피&티
영양제도 살펴봐요 … 44
    오메가-3/비타민 C/칼슘/마그네슘/루테인/비타민 B/비타민 D/소화효소제

CONTENTS

자, 그럼 키토 다이어트 도시락 한 번 싸볼까?

키토식을 위하여_ 오일 이야기

치킨차우더 … 50
치킨잠발라야 … 52
커리마요윙 … 54
오븐에구운닭과채소 … 56
발사믹치킨스테이크 … 58
베이컨치킨언위치 … 60
된장맥적 … 62
떠먹는춘권 … 64
중화풍삼겹배추볶음 … 66
젓가락으로먹는제육덮밥 … 68
매운돼지갈비찜 … 70
떡만둣국 … 72

키토식을 위하여_ 버터 이야기

순대없는순대볶음 … 76
돼지고기가지구이 … 78
홈메이드브렉퍼스트소시지 … 80
브렉퍼스트소시지달걀볶음 … 82
비프앤브로콜리 … 84
에브리띵샥슈카 … 86
베이컨미트로프 … 88
냉샤브샤브 … 90
칠리 … 92

저탄고지 식생활의 마지막 퍼즐을 맞추다

진주의 키토 다이어트 도시락

키토식을 위하여_ 피클 이야기

소고기토마토스튜와매시드콜리플라워 ··· 96
갈빗살을이용한스테이크덮밥 ··· 100
불고기오니기라즈 ··· 102
강된장숙쌈 ··· 104
타이식소고기커리 ··· 106
베이컨치즈버거언위치 ··· 108
니쿠자가 ··· 110
육개장 ··· 112

키토식을 위하여_ 달걀 이야기

달걀라따뚜이 ··· 116
햄데빌드에그 ··· 118
할라피뇨달걀고기파이 ··· 120
베이컨에그머핀 ··· 122
로티세리치킨프리타타 ··· 124
90초빵달걀샐러드샌드위치 ··· 126
삶은달걀카나페 ··· 128
볼로네제아보카도버터달걀스크램블 ··· 130
반숙달걀절임 ··· 132
달걀반쎄오 ··· 134
버섯햄파이 ··· 136

키토식을 위하여_ 샐러드와 드레싱 이야기

미얀마식치킨샐러드 ··· 140
피칸치킨샐러드 ··· 142

CONTENTS

버섯치즈샐러드 … 144
해물샐러드 … 146
새우아보카도보틀샐러드 … 148
치킨시저보틀샐러드 … 150
니스와즈보틀샐러드 … 152
빅맥샐러드 … 154
우삼겹새우구이 … 156
참치양배추전 … 158
참치쌈장과로메인 … 160
삼겹살김치볶음밥 … 162
베이컨양배추식초볶음소시지 … 164

키토식을 위하여_ 채소 이야기

코코넛오일채소구이 … 168
콜리플라워맥앤치즈 … 170
떠먹는레이어드타코 … 172
파프리카번햄샌드위치 … 174
90초빵햄사라다샌드위치 … 176
파프리카번커리치킨오픈샌드위치 … 178
낫토소시지볶음 … 180
햄치즈롤샌드위치 … 182
허브생선전 … 184
달걀가득치즈교리김밥 … 186
고추잡채 … 188
명란마요비빔면 … 190
간장윙구이 … 192
찜닭느낌닭고기볶음 … 194
달짝지근호박전 … 196

다이어트의 비결,
살이 쏙쏙 빠지는 키토 도시락 편하게 준비하기

밀 프렙(meal prep)

- 하루나 이틀 이내에 바로 먹을 것은 냉장 보관해요.
- 이틀 이상 며칠 두고 먹을 것은 냉동 보관해요. 냉동 보관을 할 때는 공기에 노출된 면을 최소화해야 표면이 말라 식감이나 맛이 이상해지는 것(freezer burn)을 막을 수 있어요.
- 국물 요리는 비닐팩에 담아 밀봉해요. 완전히 조리해 식힌 다음 소분해서 냉동하면 좋아요.
- 제육볶음이나 닭구이 등은 완전히 조리해 얼리기보다 볶거나 굽는 등 마지막 조리 단계 직전까지만 준비해서 밀봉 후 얼려야 공기 노출을 최소화하고 오래 보관할 수 있어요. 먹기 하루 전이나 반나절 전에 냉장실로 옮겨 해동한 후 조리하면 됩니다.

만들어 두면 도시락 싸기 편해요

- **사골육수** 비닐팩에 소분하여 냉동
- **만두볼** 구워서 냉동
- **브렉퍼스트소시지 반죽** 소분하여 냉동
- **볼로네제소스** 비닐팩에 소분하여 냉동
- **90초빵** 미리 만들어 밀봉해 냉장 보관. 따뜻한 빵이 필요할 때는 버터를 두른 팬에 노릇하게 구워서 사용
- **양파발사믹 드레싱** 숟가락이 들어가는 유리병에 담아 냉장 보관. 실온에 잠시 꺼내 두었다가 냉장 온도에서 굳은 올리브오일이 녹으면 흔들어 사용

사두면 도시락 싸기 유용해요

- **로티세리치킨** 샐러드, 샌드위치, 프리타타의 속재료로 유용하게 사용할 수 있어요. 살만 발라 소분해 얼려두면 조금씩 사용하기 편리하고 오래 보관할 수 있어요. 단, 해동 과정에서 세균이 번식할 수 있으므로 샐러드나 열을 가하지 않는 요리에 사용할 경우 미리 팬에 휘리릭 볶아 식힌 후 사용하는 게 좋아요. 저는 주로 코스트코 제품을 이용해요.
- **딜피클** 단맛 없이 딜과 식초, 소금으로 맛을 낸 오이피클이에요. 새콤하고 개운해 도시락의 곁들임 메뉴로 좋아요. 기존 피클의 새콤달콤한 맛을 기대한다면 실망스러울 수 있어요.
- **고추피클** 당이 첨가되지 않고 소금과 식초로 절인 제품을 선택하세요. 새콤하고 매콤해 곁들임 메뉴로 좋아요.
- **방울토마토** 사이드 메뉴로 몇 개 가져가도 좋고 샐러드에 곁들이기 좋아 도시락에 유용한 식재료예요. 하지만 일반 토마토보다 당분이 많기 때문에 섭취하는 양에 주의해야 해요.
- **낫토** 발효가 된 콩식품은 키토식에서 적극 권장해요. 낫토를 먹으면 뼈에 좋은 비타민 K를 섭취할 수 있기 때문에 자주 먹기를 권해요. 요리에도 활용하지만 소포장 되어 있어 도시락에 곁들여 먹기도 좋아요. 단, 제품에 동봉된 간장은 대부분 조미되어 있으니 피하는 게 좋겠지요.
- **사골육수** 직접 만들어 냉동 보관하기가 여의치 않다면 시판 제품 중 첨가물이나 소금이 가미되지 않은 것으로 선택해요.

현실감 있는 도시락 용기

도시락 용기는 이렇게 사용해요

- 식단의 특성상 기름진 음식이 많기 때문에 데우는 것을 염두에 두고 전자레인지 사용 가능한 용기를 구입하세요. 데울 음식은 랩을 한 번 씌워 뚜껑을 덮고 데울 때는 뚜껑만 열어 전자레인지에 돌리면 됩니다.
- 전자레인지 사용 가능한 플라스틱 용기의 경우 기름진 음식이 플라스틱에 직접 닿지 않도록 종이 포일을 깔고 음식을 담아요.
- 국물이 많거나 소스가 흥건한 음식은 내열유리 용기를 사용해요. 이때도 랩을 씌워 뚜껑을 덮으면 데울 때 편리해요.
- 따뜻할 때 먹어야 맛있는 국물 요리의 경우 환경상 데우기 여의치 않다면 보온죽통을 사용해요.
- 데울 것과 데우지 않을 것(채소 스틱, 소스 등)을 같이 담을 때는 종이 포일 등으로 구분지어 덜어내기 편하게 담으면 좋아요.
- 드레싱이나 소스와 함께 섞어 먹는 채소 요리는 소스나 드레싱을 버무리지 말고 따로 가져가세요.
- 천원숍의 작은 원형통은 적은 양의 소스나 드레싱을 담기에 편리해요. 여러 개 사두고 소스나 드레싱으로 인해 변색되거나 미세한 흠집이 생기면 부담 없이 버리고 새 것으로 교체해요.

극강의 비주얼을 자랑하는 보틀샐러드 용기

- 하나의 용기에 드레싱과 샐러드 재료를 함께 담을 수 있다는 게 보틀샐러드의 장점이에요. 보기에도 예쁘고 먹음직스럽기도 해요.
- 보틀샐러드를 담는 요령은 먼저 바닥에 드레싱을 깔거나 붓고 다음으로 간이 닿아도 짓무르거나 눅눅해지지 않는 재료부터 넣어요. 방울토마토나 메추리알 등이 있어요. 잎채소는 가장 마지막에 충분히 담아 뚜껑으로 꾹 눌러 담아 주세요.
- 좁은 용기에 차곡차곡 눌러 담은 샐러드는 용기째 먹기 매우 불편해요. 큰 볼이나 접시에 거꾸로 쏟아 대충 섞으면 자연스레 드레싱에 고루 버무려져요. 보틀샐러드를 제대로 먹기 위해 볼이나 접시 하나 정도 직장에 비치해 두면 좋아요.

이런 도구가 있으면 편해요

- **샐러드 스피너** 잎채소의 물기를 제거할 때 유용해요. 특히 식단에서 많이 사용하는 양배추는 미리 채 썰어 찬물에 씻어 헹궈 샐러드 스피너에 물기를 제거한 후 지퍼팩에 담아두고 사용하면 좋아요.
- **전자저울** 섭취한 음식의 양을 통해 내게 맞는 '저탄'과 '고지'를 알 수 있으므로 저탄고지 식단을 하는 데 있어 필수품이에요.
- **계량컵, 계량스푼** 계량컵의 용량은 나라마다 기준이 다르니 확인 후 사용하세요. 저는 240ml 용량을 사용하고 있어요. 계량스푼은 1큰술=15ml, 1작은술=5ml로 세계 공통이에요.
- **치즈 그레이터** 치즈뿐 아니라 구멍의 크기에 따라 채소를 썰거나 콜리플라워 라이스를 만들 수 있어요. 구멍 크기가 아주 작은 것과 큰 것을 하나씩 가지고 있으면 용도에 따라 사용하기 좋아요. 아주 작은 것은 파르메산 치즈를 곱게 갈아 요리 위에 뿌릴 때 사용해요. 제가 사용하는 제품은 Microplane의 클래식 시리즈예요.
- **초퍼** 콜리플라워 라이스를 만들 때 유용해요.
- **유니랩, 일회용 비닐, 마스킹 테이프** 고기류를 소분할 때 고기를 일회용 비닐에 담아 공기 없이 밀착시켜 접은 후(묶지 않고) 랩에 올려 빈틈없이 잡아당기며 단단히 말아주면 진공포장기 못지않은 효과를 낼 수 있어요. 마스킹 테이프에 날짜와 재료명을 적어 붙인 후 랩을 한번 더 씌우면 냉동실에서도 테이프가 떨어지지 않아요.
- **종이 포일** 오븐팬에 깔고 오븐에 재료를 구울 때나, 플라스틱 용기에 데울 음식을 담을 때도 내용물이 용기에 직접 닿지 않도록 깔고 음식을 담으면 설거지도 편해요. 구겨서 대충 펴고 음식을 담으면 완충제 역할도 해요.
- **식품용 코팅 노루지** 한 면만 코팅되어 있어요. 코팅된 면에는 음식이 닿아도 젖지 않고, 반대 면에는 테이프가 잘 붙어 샌드위치나 언위치를 쌀 때 편리해요. 패스트푸드점의 햄버거 종이를 생각하면 됩니다.
- **양배추채칼** 양배추채가 고울수록 야무지게 잘 만들어지는 양배추전이나 오니기라즈 등을 만들 때 유용해요. 강판 형태도 있고 T자 형태로 된 제품도 있어요.
- **달걀 커터** 달걀을 일정한 두께로 슬라이스 해주는 도구예요. 달걀 샐러드를 만들 때도 달걀 커터로 자른 후 포크로 으깨면 훨씬 수월해요.
- **레몬즙 짜개** 손으로 쥐어짜는 것보다 훨씬 알뜰하게 즙을 짜낼 수 있어요. 레몬즙 짜개는 여러 형태인데 나무 봉 형태의 제품은 자리를 많이 차지하지 않아 좋아요.
- **손거품기** 시저드레싱을 비롯해 드레싱이나 소스 등을 만들 때 사용하면 좋아요.

저탄고지 요리에 사용한 재료들

입맛을 결정하는 양념

- **리퀴드 아미노스** 밀 없이 콩으로만 만든 간장으로 타마리 간장이라고도 해요. 간혹 조미된 간장을 타마리 간장으로 판매하는 경우도 있으니 제품의 원료가 100% 콩인지 확인한 후 구입하세요. 사용할 수 있는 양념이 제한적인 키토식에서 맛을 내기 위한 기본 양념으로 없어서는 안 될 존재예요. 지금까지 본 모든 제품은 non-gmo 유기농 콩을 사용해 만들었어요. 리퀴드 아미노스가 없다면 일반 진간장을 동일한 양으로 계량하여 사용하면 됩니다. 이 제품은 해외 직구 사이트를 이용해 구입하고 있어요. 코코넛 아미노스는 염도가 낮아 차이가 많으므로 같은 양으로 계량하면 안 돼요.

- **올리브오일** 엑스트라 버진을 사용해요. 냉압착식으로 제조되었는지 확인한 후 제품을 구입해요. 산도 0.8% 이하부터 엑스트라 버진으로 분류해요.
- **코코넛오일** 식물성 기름이지만 포화지방의 함량이 높아요. 비정제 엑스트라 버진 코코넛 오일은 영양이 풍부하고 저탄고지 식이를 할 때 지방대사가 원활해지도록 도와줘요. 하지만 특유의 향 때문에 조리용 오일로 사용하지는 않으나 코코넛 향과 어울리는 몇몇 요리에만 사용했어요.
- **아보카도오일** 열을 가하는 요리 중 주로 따뜻하지 않아도 먹을 수 있는 요리에 사용해요.
- **라드** 열에 안전한 기름이라 열을 가하는 기본 조리용 오일로 사용하고 있어요. 단, 라드를 이용한 요리는 식으면 식감이 안 좋아지니 따뜻하게 먹을 요리에 사용해요. 저는 큰 통에 들어 있는 프로 라드유 제품을 구입해 먹고 있어요. 라드는 소분된 제품을 사는 것보다 큰 통으로 사는 게 훨씬 저렴하지만 14kg의 대용량이라 선뜻 구매

하기가 쉽지는 않아요. 큰 통의 라드를 구입할 계획이라면 먼저 소분할 유리 용기부터 준비하세요. 이때 유리병은 작고 여러 개일수록 좋지만 입구에 숟가락이 들어갈 수 있어야 사용하기 편해요. 유리병에 라드를 소분했으면 뚜껑을 꼭 닫아 햇볕이 들지 않는 곳에 보관해요. 저는 다용도실의 수납장에 두고 먹어요. 일단 뚜껑을 열면 아낌 없이 빨리 쓰려고 해요. 혹시 라드가 산패되었다면 냄새로 바로 알 수 있으니 아까워 말고 즉시 버리기를 권해요.

- **버터** 저탄고지 식이에서는 염분을 충분히 섭취해야 하기 때문에 일부러 무염 버터만을 고집할 필요는 없어요. 책에서는 특별한 언급이 없으면 요리에는 무염 버터를 썼어요.
- **기버터** 열에는 안전하지만 향이 있어 버터의 향과 어울리는 요리에 사용했어요.
- **생들기름** 저온압착이나 냉압착식 방법으로 제조된 들기름을 사용합니다. 저는 시부모님께서 텃밭에 정성껏 키워 보내주신 들깨를 방앗간에서 직접 짜 먹고 있어요. 들깨를 씻어 물기가 날아갈 정도로만 볶아서 짜면 돼요. 생들기름은 냉장고에 보관해요. 생들기름 향과 어울리는 한식 요리나 구운 고기를 찍어 먹을 소금장을 만드는 등 주로 참기름 대용으로 사용하고 있어요.
- **액젓** 굴소스 등의 시판 소스를 사용하지 않으므로 감칠맛을 내기에 유용해요. 수입 피시소스에는 설탕이 들어간 제품이 많으니 국산 액젓을 추천하고 당류가 첨가된 제품은 아닌지 확인 후 구입하세요. 제가 사용하는 액젓은 두도식품의 어간장이에요. 액젓 외에 설탕을 첨가하지 않은 명란젓이나 새우젓도 맛내기에 유용한 젓갈이에요.
- **안초비 페이스트** 튜브 형태라 쓸 만큼만 짜서 쓰고 냉장 보관하면 시저드레싱을 만들 때 편해요. 요리의 감칠맛을 위해 소금 대신 조금씩 사용할 수도 있어요.
- **식초** 요리에는 애플사이더식초를 주로 사용하고 드레싱에는 와인식초나 발사믹식

초를 사용해요. 발사믹식초는 탄수량이 있어 먹는 양에 주의해야 하지만 도시락의 특성상 외부에서 하는 식사라 활동량도 많을 것이고 좀 자극적인 맛도 필요해 종종 사용해요. 단, 발사믹식초를 졸여서 만든 발사믹 리덕션(발사믹 크림이라는 시판 제품)은 농도를 내기 위해 시럽 등 당류가 첨가되어 있으니 피하는 게 좋아요.

- **캔토마토** 생토마토를 쓰는 것보다 상할 염려가 없고 보관이 용이해 사두면 스튜나 토마토가 필요한 국물요리를 언제든지 만들 수 있어요. 개봉한 제품은 곰팡이가 쉽게 피기 때문에 남은 것은 얼려서 보관하면 돼요.

- **토마토 페이스트** 자주 쓰는 재료가 아니므로 사용하거나 보관하기 편리한 튜브 형태를 추천해요. 저는 브랜드 상관 없이 튜브형 토마토 페이스트가 보이면 사두는 편이에요. 주로 해외 직구 사이트를 이용해 구입합니다.

- **생크림** 휘핑크림이든 생크림이든 제품명과 상관없이 원료가 동물성 크림 혹은 우유 100%인지 확인 후 구입하면 됩니다. 동물성 크림이어도 당이나 바닐라 등이 첨가된 것은 적합하지 않아요.

- **사워크림** 발효된 크림이라 지방량이 많고 새콤한 맛이 있어 채소스틱

을 찍어먹거나 키토전 종류에 곁들이기 좋아요. 주로 덴마크 상표의 제품을 구입해서 먹고 있어요.

- **코코넛밀크** 커리류를 만들 때 유용한 식재료예요. 캔이나 종이팩에 포장이 되어 있는데 가능한 첨가물이 적은 것으로 고릅니다. 유화제 등의 첨가물이 들어 있지 않은 제품일수록 열어보면 주로 온도가 낮은 계절에 분리가 되어 있고 오일이 굳어 벽면에 붙어있어요. 섞어서 쓰면 됩니다.

- **스리라차** 고추장 대신 유용하게 사용할 수 있는 소스예요. 탄수량이 약간 있으니 조절하며 사용합니다.
- **마요네즈** 집에서 만드는 게 가장 좋지만 여의치 않을 때는 시판 제품을 사용하고 있어요. 주로 하인즈 굿 마요네즈를 구입해요.
- **무설탕케첩** 하인즈 슈가 리듀스드 케첩을 사용했어요. 천연감미료를 사용한 제품이 아니기 때문에 적극 권장하지는 않지만 키토식을 맛있게 즐기기 위해 가끔은 유용한 소스예요.
- **머스터드** 요리에 따라 옐로우 머스터드나 홀그레인 머스터드를 사용하기도 했어요. 허니 머스터드는 피해야 해요.
- **후추** coarse cround 후추를 사용하거나 직접 갈아서 사용했어요. 파우더 형태는 사용하지 않았어요.
- **대장부** 마트나 편의점에서 살 수 있는 단맛이 없는 증류식 소주예요. 청주와 비슷한 향이 있어 맛술을 대신해 기본 요리주로 사용해요.

허브류

다양한 나라의 다양한 맛을 즐기기 위해 가끔 필요하지만 자주 사용하는 재료가 아니기 때문에 너무 오래 보관하면 변질될 수 있어요. 특히 습하고 더운 여름 날씨에 실온에 잘못 보관하면 곰팡이가 피거나 벌레가 생길 수 있으니 반드시 냉장고에 보관하며 사용하세요.

① 세이지
② 고수
③ 오레가노
④ 파슬리
⑤ 월계수

스파이스류

맛이나 향을 내거나 밑간용으로 종종 사용하는 스파이스도 허브와 마찬가지로 너무 오래 보관하면 변질될 수 있으니 냉장고에 보관하며 사용하세요. 해외 직구 사이트를 통해 구입하거나 외국 여행 때 구입한 제품을 사용하고 있어요.

① 케이준 시즈닝
② 커리파우더
③ 칠리파우더
④ 마늘가루
⑤ 파프리카가루
⑥ 강황가루

가루류

① **베이킹파우더** 알루미늄 프리 제품을 선택하세요. 간혹 베이킹파우더에 따라 달걀과 반응해 암모니아 냄새가 나는 경우가 있어요. 제가 쓰는 제품은 밥스 레드밀의 알루미늄 프리 제품이에요.

② **아몬드가루** 90초빵을 만들 때 없어서는 안 되는 재료예요. 시판 아몬드가루 중 100% 아몬드가루라고 되어 있어도 수입될 때부터 밀가루가 조금 섞인 제품일 수 있으니 판매처에 다시 한번 확인하고 구입하는 게 좋아요. 가격이 저렴할수록 밀가루가 섞일 확률이 높아요.

③ **그린바나나파우더** 중식 느낌의 볶음 등을 만들 때 약간의 윤기와 농도를 내주기 위해 전분 대신 사용하고 있어요. 순탄수량은 1작은술당 3g 정도예요.

④ **에리스리톨파우더** 설탕의 70% 당도의 천연 감미료이고 당알콜 물질로 잘 녹지 않아요. 믹서에 곱게 갈아서 사용하면 좀 더 빠르게 녹일 수 있어요. 레시피에 사용된 에리스리톨은 모두 파우더 형태로 계량했어요.

⑤ **에리스리톨** 설탕의 70% 당도의 천연 감미료이고 당알콜 물질이에요. 순수 에리스리톨이 아닌 에리스리톨에 스테비아, 몽크프룻, 올리고당 등을 입혀 당도를 끌어올린 제품(나트비아, 라칸토, 스워브 등)을 사용한다면 레시피에 제시된 에리스리톨 양보다 적은 양을 사용하세요.

⑥ **구운 소금** 특별한 언급이 없으면 일반 마트에서 판매하는 고운 입자의 구운 소금을 사용했어요.

마음껏 먹어도 좋아요

저탄고지 식단에서는 그동안 가지고 있던 지방에 대한 공포심만 없앤다면 즐겁게 먹을 수 있는 음식이 정말 많아요. 마음껏 먹어도 되는 음식 중에는 고기류나 해산물, 잎채소 등이 있지요.

고기

- **소고기** 마블링이 좋은 한우는 언제 먹어도 맛있지요. 책에서는 우삼겹을 제외한 모든 소고기는 한우를 사용했어요. 소고기는 가급적 지방이 많은 부위를 사용해요. 갈빗살(늑간살)이나 우삼겹살 같은 부위를 적극 활용하고, 안심보다는 등심을 사용하면 좋아요. 지방이 없고 너무 담백한 부위를 조리할 때는 버터나 라드 등 오일을 추가해서 사용해요.
- **돼지고기** 목살이나 삼겹살, 항정살을 추천해요. 지방이 부족한 부위를 조리할 때는 라드나 버터를 사용하면 좋아요. 우리나라의 대표적인 돼지고기로는 한돈을 들 수 있어요.
- **닭고기** 껍질째 먹기를 권하고 주로 허벅지살과 날개를 사용했어요. 요리 재료로 익힌 닭고기가 필요할 때는 로티세리치킨을 사용하기도 했어요.

가공식품

- **소시지** 권장할 식재료는 아니지만 구입해 두면 도시락 싸기에 유용해요. 소시지를 구입할 땐 고기 함량 90% 이상인 것으로, 이왕이면 단백질 양보다 지방 양이 많은 것으로 고르세요. 주로 이케아의 비스트로 소시지를 사용하고 있어요.
- **베이컨** 소시지와 마찬가지로 적극 권장할 재료는 아니지만 유용하고 쓰임이 많은 식재료예요. 코스트코의 커클랜드 시그니처 베이컨을 사용하고 있어요.

채소

- **샐러드용 잎채소** 2~3일 내에 사용할 샐러드용 잎채소는 미리 한꺼번에 씻어 물기를 빼놓으면 도시락 싸기에 편리한데 잘린 면부터 짓무르기 때문에 통째로 지퍼팩 등에 보관하고 도시락을 쌀 때 손으로 찢거나 잘라 용기에 담는 것이 좋아요.
- **양배추** 밥 대신 양배추채를 자주 이용하는 데 미리 채 썰어 두면 편리하게 이용할 수 있어요. 채 썰어 찬물에 담갔다가 여러 번 헹군 후 샐러드 스피너에 돌려 물기를 제거하여 지퍼팩에 보관하면 일주일 정도는 괜찮아요.

가지고 다니면 좋아요

- **포션 버터** 개별 포장된 버터는 가지고 다니기 편하지요. 국 종류를 비롯해 식사 메뉴에 곁들여 먹기도 좋아요. 제 남편은 차가운 버터를 간식으로 먹기 좋아해서 회사 냉장고에 둘 수 있도록 넉넉히 챙겨줘요. 외출 중에 먹을 용도로 챙기거나 냉장고에 두고 먹을 상황이 아니라면 종이 포장된 제품보다 용기에 포장된 제품을 추천해요.
- **스트링 치즈 등 포션 치즈** 유제품을 먹어도 괜찮다면 치즈만큼 훌륭한 간식이 없을 거예요. 저지방 제품이나

건과일이 들어 있는 제품은 피하고 성분표를 확인해 지방량이 많은 치즈를 고르세요. 연성치즈의 경우 탄수화물 함량이 조금 높은 편이라 다량으로 먹지 않아야 해요. 대부분의 천연 치즈는 성분이 훌륭해요. 개인마다 다르겠지만 유제품을 먹어서 체중이 지속적으로 증가하는 사람은 먹는 양을 줄이는 게 좋아요.

- **90퍼센트 이상 초콜릿** 90퍼센트 정도의 초콜릿은 생각보다 단맛이 있어 먹기 좋은 간식이에요. 따끈한 차 종류나 넛버터와 함께 먹으면 좋아요.

- **마카다미아, 피칸 등 견과류** 견과류도 훌륭한 간식이지만 많은 양을 먹으면 탄수량이 꽤 되니 섭취하는 양에 주의해야 해요. 견과류만 먹기보다는 따뜻한 차와 함께 곁들이면 포만감이 더 있어요.

- **삶은 달걀** 삶은 달걀은 포만감도 있고 좋은 지방 공급원이라 훌륭한 간식이에요. 남편 회사 구내식당 메뉴에 먹을 만한 국 메뉴가 나오는 날에는 삶은 달걀만 넉넉하게 도시락으로 싸주기도 해요.

- **올리브** 짭짤하고 고소한 올리브는 얼마 되지 않는 양이지만 허기 해소에 도움이 돼요. 대형 마트나 백화점 식품관에서 냉장 유통되는 올리브가 맛있어요. 소포장으로 비닐 포장된 올리브는 냉장 제품보다 맛은 덜하지만 가지고 다니기 편해서 남편 간식으로 종종 싸줘요.

- **올리브오일 정어리 통조림** 정어리 통조림 간식이라니 조금은 이상하게 들리겠지만 의외로 맛있고 든든해요. 저는 해외 직구 사이트에서 주문하는데 납작한 캔에 양이 많지 않아 보관하기도 좋고 가지고 다니기에도 편하답니다. 샐러드에 얹어 먹어도 그 맛이 일품이에요.

- **올리브오일 훈제굴 통조림** 훈제굴 통조림 또한 적은 양의 캔 포장이라 보관하거나 가지고 다니기에 좋아요.

- **넛버터** 아몬드 버터 등 넛츠류로 만든 버터들도 훌륭하고 맛있는 간식이에요. 탄수량에 주의하며 먹어요.

외부 식사나 회식에 도움돼요

- **국물류** 단맛이 가미된 전골류가 아니라면 국물류 음식들이 비교적 먹을 만한 메뉴가 많고 포만감도 있어요. 설렁탕, 갈비탕, 육개장, 내장탕, 곱창전골, 짬뽕밥, 추어탕, 돼지국밥 등이 있지요. 설렁탕집의 깍두기나 겉절이는 당이 많으므로 주의해야 하고 충분히 익은 김치는 비교적 괜찮아요.
- **면과 밥** 면이나 밥이 들어가는 메뉴라면 면과 밥을 빼고 대신 건더기를 더 넣어달라고 부탁하거나 삶은 달걀을 가져가서 곁들이면 허기를 채울 수 있어요.
- **고깃집** 가장 배부르고 맘 편히 먹을 수 있는 외식 메뉴예요. 단, 양념된 고기는 피하고 고깃집의 쌈장을 주의하세요. 생들기름을 챙겨가서 소금장을 만들면 좋지만 유난스러울 수 있으니 양념하지 않은 된장을 부탁해 쌈장 대신 먹어도 되고 소금과 후추에 찍어 먹어요.
- **비빔밥** 몇 가지 양념이 의심스러울 수 있지만 비교적 괜찮은 선택이에요. 밥을 빼거나 약간만 남겨 비벼 먹어도 괜찮고, 밥 대신 달걀 프라이를 하나 더 얹어 줄 수 있는지(추가 금액을 드리더라도) 부탁할 수 있어요. 아보카도를 챙겨가서 밥 대신 넣어 비비면 맛있는 아보카도 비빔밥을 즐길 수 있어요.
- **소스와 드레싱** 소스나 드레싱이 있는 음식은 끼얹지 말고 따로 달라고 주문해 보세요. 소스나 드레싱은 소량 찍어서 맛을 본 다음 먹어도 될지 판단하는 게 좋아요. 아쉽게도 우리나라 음식점의 소스는 대부분 단맛이 들어 있어요.
- **술** 회식에서 피하기 힘들고 유혹을 떨치기 어려운 것 중 하나가 술이에요. 가능하면 마시지 않는 게 정답이지만 꼭 마셔야 한다면 맥주나 막걸리 같은 곡류로 만든 술보다는 증류식 술을 권해요. 와인은 레드 와인 중 드라이한 와인을 추천해요. 그리고 소주는 흔히 마시는 희석식 소주보다 당이 첨가되지 않은 증류식 소주를 권해요.
- **커피&티** 허브나 홍차, 녹차 등 따뜻한 차를 마시는 것은 좋아요. 커피도 개인에 따라 한두 잔 정도는 괜찮지만 설탕과 프림이 들어간 커피믹스는 금물이에요. 커피에 버터나 코코넛오일을 넣은 방탄커피는 간헐적 단식을 하는 동안 허기지지 않게 도움을 주기도 해요. 요샌 방탄커피가 제품으로도 나와 있지만 온갖 첨가물이나 당분이 함유된 제품들도 있으니 성분표를 꼭 확인하세요.

영양제도 살펴봐요

키토식을 꾸준히 하면 미네랄과 비타민 등의 영양소를 충분히 섭취할 수 있어 영양제를 따로 챙길 필요가 없다고도 해요. 우리 부부는 키토식을 시작하기 전부터 지속적으로 건강에 신경을 쓰면서 영양제를 섭취하고 있어요. 꾸준히 복용 하기 위해 가격 면에서도 부담스럽지 않은 제품을 선택했어요. 섭취 후 부정적인 결과가 없으면 안도감을 주는 차원에서 계속 먹는 편인데 현재 우리 부부가 먹고 있는 영양제는 다음과 같아요. 개인마다 필요한 영양제나 용량은 다르기 때문에 참고하면서 자신에게 맞는 영양제를 선택하면 돼요.

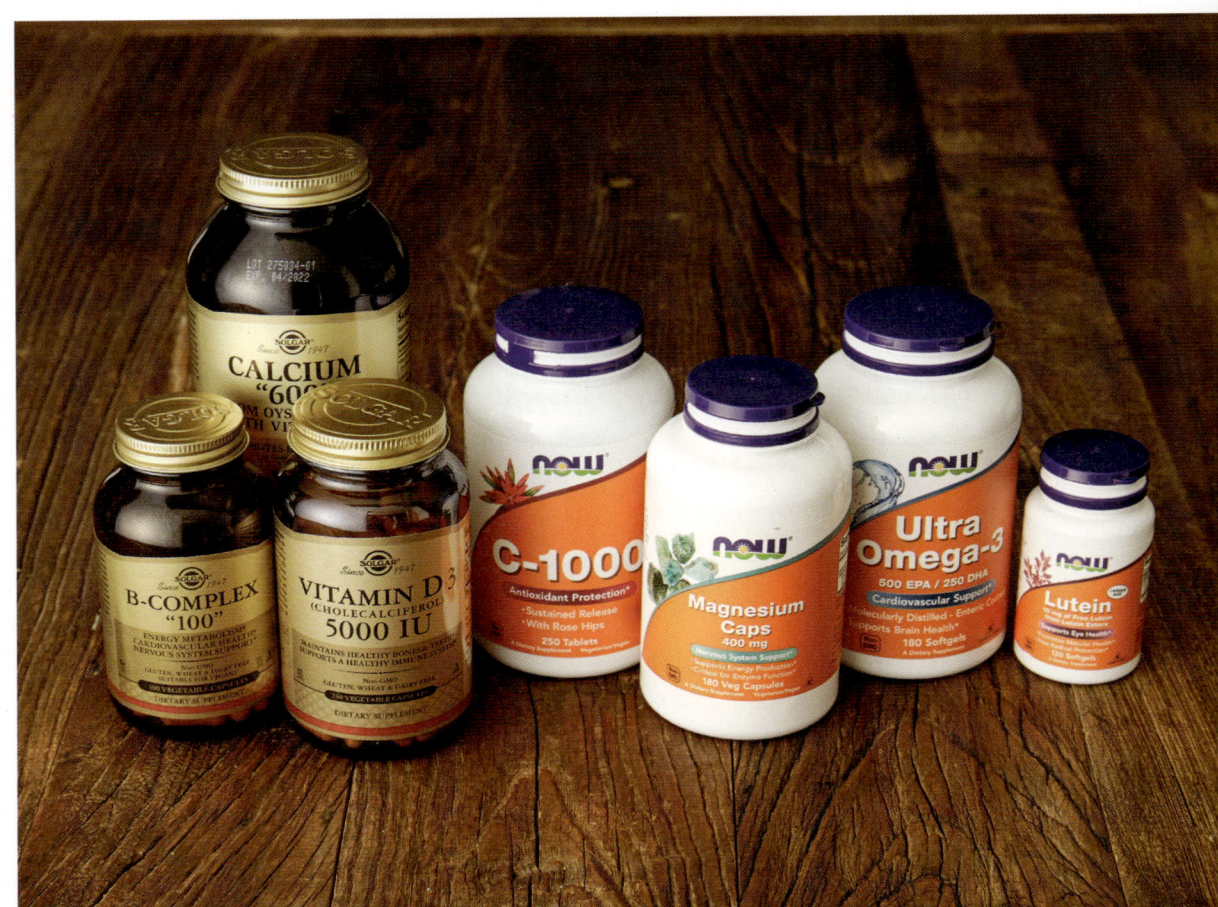

- **오메가-3** 세포막의 구성 물질이 되고 중성지방을 떨어뜨리며 항염증 작용을 한다. 특히 DHA는 뇌기능 발달에도 필요하다. 우리가 먹는 음식에는 오메가-6의 함량이 높아 오메가-3 보충제를 복용하여 비율을 맞춰주어야 염증을 줄일 수 있다. 요즘은 용량이 거의 900mg 이상인 것이 많고 그런 제품을 권한다.

  먹는 제품 now Ultra Omega-3와 솔가의 Omega-3 950mg을 번갈아가며 섭취

- **비타민 C** 대표적인 항산화 영양제이며 콜라겐 합성에 도움을 준다. 사람은 체내에서 합성이 되지 않기 때문에 따로 복용해야 한다.

  먹는 제품 now C-1000, 하루 3,000mg씩 복용

- **칼슘** 뼈의 구성성분으로 골다공증을 예방하기 위해 주로 복용한다. 중요한 기능이 근육의 수축이나 신경세포의 반응처럼 생리작용을 위해 반드시 필요하다. 마그네슘과 같이 상호 영향을 미치기에 마그네슘을 복용하는 중이라면 같이 복용하는 것이 좋다.

  먹는 제품 솔가 CALCIUM "600"

- **마그네슘** 뼈를 구성하거나 에너지 생산에도 필요하고 여러 효소의 활성화에 작용하는 등 인체에 꼭 필요한 성분이다. 저탄고지를 하는 경우 수분 소실과 함께 마그네슘이 많이 부족해지는 경우가 많기 때문에 마그네슘 보충에 신경을 써야 한다.

  먹는 제품 솔가 MAGNESIUM with VITAMIN B6. 촬영 당시 잠깐 now 제품

- **루테인** 망막의 황반 부위에 축적되는 카로티노이드이다. 황반 변성을 예방해주는 효과가 있다. 눈의 건강을 위해 같이 복용하면 좋다.

  먹는 제품 now Lutein 10mg

- **비타민 B** 음식을 섭취하고 대사 과정에 사용되는 비타민이다. 식이를 개선할 때 대사기능을 올려주기 위해 가장 필요한 영양제로 보면 된다.

  먹는 제품 솔가 B-COMPLEX "100"

- **비타민 D** 햇빛을 받으면 피부에서 생성되지만 현대인들은 거의 부족 상태에 있어 복용하는 것이 좋다. 칼슘 흡수에 도움을 주고 세포증식작용과 면역력에 중요한 작용을 한다. 30이상이 정상이나 50~60 정도 유지하는 것이 좋다.

  먹는 제품 솔가 VITAMIN D3 5000IU, 비타민 D 검사 결과에 따라 매일, 혹은 이틀에 한 번씩 섭취하고 있음

- **소화효소제** 지방과 육류를 평소 많이 먹지 않던 사람이라면 처음에 소화효소제를 같이 복용하는 것이 좋다. 소화 기능을 도와 에너지를 효과적으로 배분할 수 있고 알러지를 줄이는 데 도움이 된다.

자, 그럼 키토(다이어트) 도시락 한 번 싸볼까?

키토식을 위하여_
오일 이야기

음식을 만들려면 꼭 필요한 게 있지요.
그것은 바로 기름이에요.
콩기름, 카놀라유, 포도씨유, 해바라기유….
하지만 키토식이라면
라드, 코코넛오일, 버터, 기버터, 아보카도오일
그리고 올리브오일을 사용해요.

창고형 마트나 해외 직구 사이트를 이용해요.

치킨차우더
_3인분

1인분	칼로리	지방	단백질	탄수화물	식이섬유
	567	48.9g	24.9g	6.3g	1.3g

주말에 만들어요 **월** **화**

■ 차우더는 밀가루로 만든 루(roux)를 이용해 크림이나 우유를 넣어 걸쭉하게 만든 수프예요. 조개나 갑각류 등 해산물에 감자를 넣어 건더기가 풍성한 차우더가 익숙하지만 닭허벅지살을 이용한 차우더도 색다르고 맛있어요.

재료

- 닭허벅지살 250g
- 브로콜리 100g
- 베이컨 50g
- 양파 50g
- 셀러리 30g
- 생크림 250ml
- 사골육수 1/2컵*
- 슈레드 체더치즈 50g
- 단맛 없는 화이트와인 20ml
- 버터 10g
- 라드, 소금, 후추 약간
- 먹을 때 슈레드 체더치즈 약간

*1컵은 240ml 기준입니다.

만들기

1. 양파, 셀러리, 베이컨은 잘게 잘라두고 브로콜리는 한입 크기로 잘라둔다.
2. 달군 냄비에 라드를 약간 녹이고 닭허벅지살 양면을 소금으로 밑간하여 노릇하게 구워 덜어낸다.
3. 2의 닭허벅지살을 한입 크기로 잘라둔다.
4. 냄비에 베이컨을 넣고 볶다가 노릇하게 익으면 양파, 셀러리, 버터를 넣고 소금과 후추로 간하며 볶는다.
5. 양파가 반투명하게 익으면 3의 닭허벅지살을 넣고 화이트와인을 넣은 뒤 뒤적여준다.
6. 5에 생크림과 사골육수를 넣어 끓기 시작하면 중불로 낮춰 가끔씩 저어가며 10분 정도 끓인다.
7. 브로콜리를 넣고 익을 때까지 끓인 후 약불로 줄여 체더치즈를 넣고 녹인다. 부족한 간은 소금과 후추로 맞춘다.

포인트

먹을 때 슈레드 체더치즈를 뿌리면 풍미가 좋아요.
브로콜리 대신 방울양배추를 넣어도 좋아요. 방울양배추를 사용할 경우 6번 과정에서 생크림과 사골육수를 넣을 때 함께 넣어 푹 익도록 오래 끓여야 부드럽고 맛있어요.

치킨잠발라야
_2인분

1인분	칼로리	지방	단백질	탄수화물	식이섬유
	592	41.7g	38.9g	17.6g	5.2g

주말에 만들어요 월 화

 잠발라야는 닭고기나 해산물을 넣고 케이준 시즈닝으로 맛을 낸 매콤한 쌀요리예요. 케이준 시즈닝 하나면 냉장고에 있는 재료만으로도 만들 수 있고, 매콤한 맛이 당길 때 먹기 좋아요.

재료

닭허벅지살 300g
소시지 120g
양배추 300g
양파 50g
셀러리 30g
파프리카 1/2개
다진 마늘 1/2작은술
버터 20g
케이준 시즈닝 1큰술
토마토 페이스트 1/2큰술
라드 1큰술
소금, 후추 약간

만들기

1. 닭허벅지살은 3cm 크기로 큼직하게 자르고 소시지는 어슷 썰고, 양배추는 채 썰어 찬물에 여러 번 씻은 후 샐러드 스피너에 돌려 물기를 제거한다. 양파와 셀러리는 잘게 썰어두고 파프리카는 1cm 크기로 썰어둔다.
2. 팬에 라드를 녹이고 닭허벅지살을 소금으로 밑간하여 노릇하게 구워 덜어낸다.
3. 닭고기를 구워낸 팬에 버터를 더하고 다진 마늘, 양파, 셀러리를 넣고 소금, 후추로 간하며 볶는다.
4. 양파가 반투명하게 익으면 토마토 페이스트를 넣어 고루 볶은 뒤 양배추, 소시지, 구운 닭고기, 파프리카, 케이준 시즈닝을 넣어 강불에 볶는다.
5. 재료가 전체적으로 뜨거워지면 중불로 줄여 양배추가 부드러워지도록 충분히 익히고 부족한 간은 소금과 후추로 맞춘다.

포인트

1. 쌀 대신 양배추채를 이용하면 포만감을 주면서도 쌀을 익히는 과정이 생략되기 때문에 빠르고 간편하게 만들 수 있어요.
2. 케이준 시즈닝은 양파가루, 마늘가루, 소금 등에 고춧가루가 들어가 매콤한 맛이 나는 양념이에요. 한식에서 자주 사용하는 양념은 아니지만 있으면 잠발라야를 빠르고 쉽게 만들 수 있으니 사용해 보세요. 일명 '다대볶'을 만들 때 솔솔 뿌려 볶으면 더욱 맛있어요.

커리마요윙
_2인분

1인분	칼로리	지방	단백질	탄수화물	식이섬유
	854	64.5g	58.8g	5.9g	1.5g

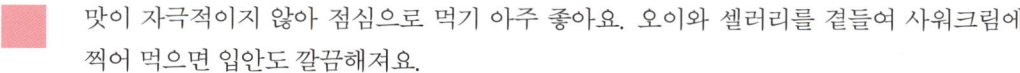

맛이 자극적이지 않아 점심으로 먹기 아주 좋아요. 오이와 셀러리를 곁들여 사워크림에 찍어 먹으면 입안도 깔끔해져요.

재료
닭윙(아랫날개) 500g
마요네즈 3큰술
커리파우더 1작은술
홀그레인 머스터드 2큰술
에리스리톨 1작은술
소금 1/3작은술

만들기
1. 윙은 깨끗이 씻어 물기를 뺀 후 키친타월로 남은 물기를 닦아 준비한다.
2. 1의 윙에 마요네즈, 커리파우더, 홀그레인 머스터드, 에리스리톨, 소금을 넣고 고루 버무린다.
3. 넓은 쿠키팬에 종이 포일을 깔고 2의 윙을 펼쳐 깐 후 210℃ 예열된 오븐에서 20분 굽고 뒤집어서 10분 더 굽는다.

포인트
흔하게 구할 수 있는 시판 커리에는 밀가루나 전분이 들어 있으니 커리용 향신료만 섞어 놓은 커리파우더를 사용하기 권해요.

오븐에 구운 닭과 채소

_4인분

1인분	칼로리	지방	단백질	탄수화물	식이섬유
	797	61.9g	49.4g	10.5g	3.2g

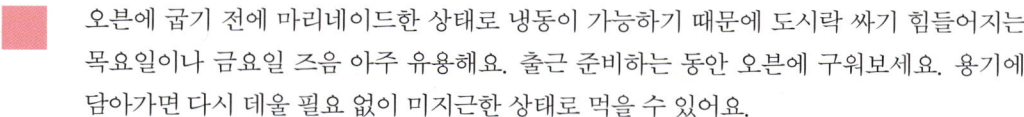

오븐에 굽기 전에 마리네이드한 상태로 냉동이 가능하기 때문에 도시락 싸기 힘들어지는 목요일이나 금요일 즈음 아주 유용해요. 출근 준비하는 동안 오븐에 구워보세요. 용기에 담아가면 다시 데울 필요 없이 미지근한 상태로 먹을 수 있어요.

재료

닭볶음탕용 닭 1kg
브로콜리 1개(200g)
단호박 200g
양배추 혹은 방울양배추 200g
기버터 40g
소금, 후추 약간

닭마리네이드용 양념

아보카도오일 4큰술
레몬즙 3큰술
말린 오레가노 1큰술
소금 2작은술
다진 마늘 1작은술

팁
닭고기를 통째로 사용하면
1kg 기준 200℃에서
1시간 이상 소요돼요.

만들기

1. 닭은 깨끗이 씻어 키친타월로 물기를 제거한다.
2. 닭마리네이드용 양념을 고루 섞어 소금을 완전히 녹인 후 1의 닭을 넣어 버무린다.
3. 브로콜리는 한입 크기로 자르고 단호박은 도톰하게 자른다. 양배추나 방울양배추는 먹기 좋은 크기로 자른다.
4. 3의 채소에 소금을 뿌리고 기버터를 넣어 고루 버무린다.
5. 넓은 쿠키팬에 닭껍질이 위로 향하게 한층으로 깔고 빈 공간에 채소를 넣어 250℃로 예열된 오븐에서 30분 굽는다.
6. 오븐에서 꺼낸 채소는 그릇에 옮겨 담고 닭고기는 뒤집어 10분 정도 더 노릇하게 굽는다.

팁
4번 과정에서
채소와 기버터를 버무릴 때
비닐장갑을 끼고
문지르면 잘 버무려져요.

포인트

1. 자른 닭을 사용하면 굽는 시간을 단축할 수 있어요.
2. 닭고기를 미리 양념해서 지퍼팩에 소분해 얼려두면 언제든지 사용할 수 있어요. 하룻밤 전에 냉장실로 옮겨 해동한 뒤 구워요.
3. 닭고기와 채소가 겹치지 않아야 전체적으로 노릇하게 구워져요.
4. 오븐과 쿠키팬의 크기가 대형이 아니라면 한꺼번에 굽기에 많은 양이니 고기와 채소를 나누어 구우세요. 나누어 굽는 경우 시간이 줄어들 수 있으니 상태를 확인하며 시간을 조절하면 돼요.

발사믹치킨스테이크
_2인분

| 1인분 | 칼로리 633 | 지방 40g | 단백질 64.4g | 탄수화물 2.7g | 식이섬유 0.1g |

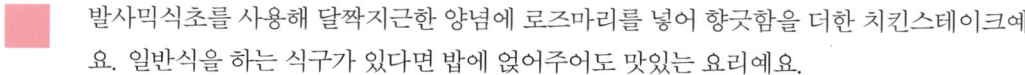

슬슬 귀찮아져요 **수**

발사믹식초를 사용해 달짝지근한 양념에 로즈마리를 넣어 향긋함을 더한 치킨스테이크예요. 일반식을 하는 식구가 있다면 밥에 얹어주어도 맛있는 요리예요.

재료
닭허벅지살 500g
생로즈마리 1줄기(약 15cm)

양념
발사믹식초 2큰술
리퀴드 아미노스
   1큰술+1작은술
대장부 2큰술
에리스리톨 1작은술
다진 마늘 1작은술
후추 약간

만들기
1. 닭허벅지살은 깨끗이 씻어 키친타월로 물기를 제거한다.
2. 생로즈마리 줄기는 2~3등분으로 자른다.
3. 분량의 재료를 섞어 양념을 만들어 1과 2를 10분간 재운다.
4. 3을 팬에 옮겨 담고 중불에서 닭고기를 앞뒤로 뒤집어가며 10분간 졸이듯 굽는다.
5. 양념이 졸아들고 닭고기의 양면이 노릇하게 구워지면 불에서 내린다.

팁
2번 과정에서 말린 로즈마리는 가루(조각)가 걸돌 수 있으니 생로즈마리를 사용하세요. 생로즈마리는 조리 후 건져내면 됩니다.

포인트
발사믹치킨스테이크에 익힌 단호박과 가염버터를 곁들여 먹거나 잘 익은 아보카도와 먹으면 포만감도 있고 영양 면에서도 균형을 맞출 수 있어요.

베이컨치킨언위치
_1인분

슬슬 귀찮아져요

신선한 채소와 닭고기, 베이컨을 같이 즐길 수 있어요. 반으로 잘라 종이를 찢으며 먹는 재미도 쏠쏠하지요. 탄산수와 같이 먹으면 좋아요.

재료

닭허벅지살 200g
베이컨 2줄(60g)
아보카도 1/2개
토마토 1/2개
양상추잎 큰 것 3~4장
마요네즈 1큰술
스리라차 1작은술
라드 1큰술
소금, 후추 약간

만들기

1. 닭허벅지살은 소금을 뿌려 라드를 두른 팬에 앞뒤로 노릇하게 구운 후 후추를 뿌린다.
2. 베이컨은 바삭하게 구워놓고 아보카도와 토마토는 슬라이스 한다.
3. 랩이나 식품용 코팅 노루지^팁 위에 양상추잎을 깔고 닭허벅지살을 올린 후 마요네즈와 스리라차를 바른다. 구운 베이컨, 아보카도, 토마토를 올리고 양상추로 감싼다.
4. 바닥에 깐 랩이나 노루지를 이용해 단단하게 말아준다.

> **팁**
> 3, 4번 과정에서 식품용 노루지는 한 면만 비닐코팅이 되어 있어요. 코팅된 면에 음식이 닿도록 하고 코팅되지 않은 겉면에는 테이프를 붙여 고정시킬 수 있어요.

포인트

구운 닭허벅지살와 베이컨은 완전히 식혀 언위치 속에 넣어야 물기가 생기지 않아요.

된장맥적
_3인분

1인분 | 칼로리 647 | 지방 48.2g | 단백질 47.5g | 탄수화물 3g | 식이섬유 0.7g

주말에 만들어요 　월　　화

돼지고기를 된장으로 양념해 구운 맥적은 맛이 참 매력적이에요. 구워놓은 고기에서 의외로 된장 맛은 거의 나지 않아요. 밥을 부르는 맛이긴 하지만 밥 대신 볶은 양배추와 함께 먹으면 궁합도 좋고 든든하답니다.

재료
돼지고기 목살(구이용) 600g
부추 40g
라드 2큰술

목살 양념
집된장 1큰술
대장부 1큰술
생수 1큰술
에리스리톨 2큰술
시판용 국간장 2작은술
다진 마늘 2작은술
참기름 1작은술
통깨 1작은술

만들기
1. 부추는 1cm 길이로 잘라둔다.
2. 목살 양념을 섞어 고기에 고루 바른 후 부추를 넣고 버무린다.
3. 팬에 라드를 두르고 노릇하게 굽는다.

포인트
채 썬 양배추를 준비해 맥적을 구운 팬에 소금으로 간하며 볶아서 곁들이면 든든하고 맛있는 한 끼 식사로 손색 없어요. 달걀 프라이를 추가해도 좋아요.

떠먹는춘권
-1인분

| 1인분 | 칼로리 720 | 지방 57g | 단백질 38.6g | 탄수화물 13.8g | 식이섬유 4.9g |

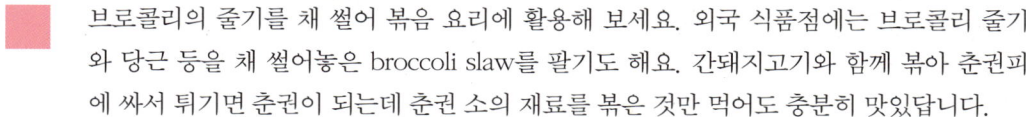

브로콜리의 줄기를 채 썰어 볶음 요리에 활용해 보세요. 외국 식품점에는 브로콜리 줄기와 당근 등을 채 썰어놓은 broccoli slaw를 팔기도 해요. 간돼지고기와 함께 볶아 춘권피에 싸서 튀기면 춘권이 되는데 춘권 소의 재료를 볶은 것만 먹어도 충분히 맛있답니다.

재료

다진 돼지고기 200g
브로콜리 줄기 1개
　껍질 벗기면 약 100g
생표고 2개
당근 20g
대파 30g
다진 마늘 1/2작은술
다진 생강 1/3작은술
대장부 1/2작은술
라드 1큰술
리퀴드 아미노스 1큰술
애플사이더식초 1작은술
참기름 1/4작은술

만들기

1. 브로콜리 줄기는 감자 필러나 칼로 벗겨내고 동그란 모양을 살려 0.3cm 두께로 썬 후 채 썬다. 당근도 브로콜리 줄기와 같은 크기로 채 썬다. 표고는 채 썰고 대파는 잘게 다진다.
2. 웍에 라드를 녹이고 다진 대파와 마늘을 중불에 충분히 볶아 향을 낸 후 다진 돼지고기, 다진 생강, 대장부를 넣고 볶는다.
3. 고기가 고슬고슬하게 익으면 강불로 키워 표고, 브로콜리 줄기, 당근을 넣고 볶는다.
4. 표고가 부드럽게 숨이 죽을 정도로 볶아지면 재료를 웍 한 켠에 몰아놓고 빈 공간에 리퀴드 아미노스와 식초를 넣어 자글자글 졸여준 후 재료와 고루 섞으며 볶는다.
5. 불에서 내린 후 참기름을 넣고 섞는다.

팁
볶을 때 넣는 약간의 식초는 신맛보다는 감칠맛을 내기 위해 넣어요.

포인트

1. 달걀 지단을 부쳐 그 안에 떠먹는 춘권을 넣고 말아 한입 크기로 자르면 자춘권이 되지요.
2. 매콤한 음식을 좋아한다면 스리라차를 뿌려도 잘 어울려요.

중화풍삼겹배추볶음
_1인분

| 1인분 | 칼로리 589 | 지방 49.2g | 단백질 29.8g | 탄수화물 7.4g | 식이섬유 2.5g |

월 화 수 목 금

고기 한 점, 배추 한 쪽을 같이 먹으면 쌈의 느낌도 있고, 맛과 포만감도 있는 요리예요. 육즙과 채즙을 동시에 느낄 수 있지요. 배추가 맛있는 겨울철에 특히 추천하는 음식이에요.

재료

구이용 삼겹살 150g
배추 150g
라드 1/2큰술
대파 40g
건고추 1/2개
생강 1조각(마늘 한 톨 크기)
다진 마늘 1/2작은술

볶음용 양념

리퀴드 아미노스 1큰술
애플사이더식초 1큰술
에리스리톨 1작은술

만들기

1. 삼겹살은 한입 크기로 자르고 배추도 한입 크기로 어슷 썰어둔다. 대파는 송송 썰고 생강은 가늘게 채 썬다. 건고추는 반 갈라 씨를 털어내고 잘게 잘라둔다.
2. 볶음용 양념을 잘 섞어둔다.
3. 웍에 삼겹살을 앞뒤로 노릇하게 구운 후 라드를 넣고 대파, 마늘, 생강, 건고추를 넣어 중불에 함께 볶는다.
4. 대파가 부드럽게 볶아지면 최대한 강불로 키우고 배추를 넣어 함께 볶는다.
5. 배추가 충분히 뜨거워질 정도로 볶아지면 모든 재료를 한 켠으로 몰아놓고 웍의 빈 공간에 볶음용 양념을 부어 자글거리게 졸여준다.
6. 졸아든 양념을 재료와 함께 섞이도록 고루 볶는다.

> **팁**
>
> 3번 과정에서 라드에
> 대파나 마늘 등
> 향신채를 볶을 때 불의 세기는
> 중약불을 유지하며
> 충분히 볶아
> 향을 최대한 끌어내 주세요.

포인트

4번 과정에서 배추를 넣어 볶기 시작할 때부터는 불을 최대한 세게 키워야 배추에서 물이 나와 흥건해지는 것을 막을 수 있어요.

젓가락으로 먹는 제육덮밥
_3인분

1인분 | 칼로리 597 | 지방 43.4g | 단백질 36.4g | 탄수화물 17.4g | 식이섬유 6.3g

미리 양념해요 수 목

고추장으로 빨갛게 양념한 제육볶음은 많은 사람이 좋아하지요. 하지만 고추장 없이도 얼마든지 맛있게 만들 수 있어요. 제육볶음 양념이 묻어있는 팬에 양배추채를 볶아 곁들이면 밥 못지않게 맛있고 든든하답니다.

재료

돼지고기 불고기용 500g
대파 1대

고기용 양념

양파 100g
리퀴드 아미노스 2큰술
액젓 2작은술
에리스리톨 2큰술
대장부 3큰술
고춧가루 2큰술
참기름 1큰술
다진 마늘 1/2큰술
다진 생강 1/2큰술

제육덮밥 1인당

양배추채 150g
달걀 1개
라드 1큰술
소금 약간
참기름 한 방울

만들기

1. 고기용 양념을 모두 미니 믹서에 간 후 고춧가루가 불어나도록 10~20분 둔다.
2. 대파는 어슷썰고 돼지고기 불고기용은 한입 크기로 잘라 1의 양념에 고루 버무린다.
3. 팬에 라드를 1/2큰술 두르고 양념에 버무린 고기의 1/3만 덜어내어 충분히 익도록 볶는다.
4. 고기가 익으면 그릇으로 옮겨 담고 양념이 묻은 팬에 라드 1/2큰술을 녹인 후 양배추채를 볶는다. 부족한 간은 소금으로 맞춘 후 불에서 내린 다음 참기름 한 방울을 넣어 섞는다.
5. 기호에 맞게 달걀 프라이를 곁들여 먹는다.

> 팁
> 2번 과정에서 돼지고기 불고기용은 앞다리를 사용했어요.

> 팁
> 3번 과정에서 양념에 버무린 고기의 1/3은 1인분 양이에요.

포인트

1. 양념에 앞다리살을 버무릴 때 생오징어를 약간 추가하면 쫄깃한 식감이 더해진 오삼불고기로 먹을 수 있어요.
2. 반숙 달걀 프라이를 얹어 녹진하게 흘러내리는 노른자와 함께 먹으면 매콤함도 중화되고 고소함이 가미돼 더욱 맛있어요.

매운돼지갈비찜
_4인분

1인분	칼로리	지방	단백질	탄수화물	식이섬유
	679	37.5g	72g	11.5g	4.3g

주말에 만들어요 　월　　화

 밥 대신 단호박을 쪄서 곁들이면 매콤한 맛도 중화되고 포만감도 높아져요. 두 음식이 잘 어울려 맛도 좋아요.

재료

찜용 돼지갈비 1kg
양파 작은 것 1개
대파 1대+1/2대
대장부 1/3컵*
양배추 130g
무 200g

찜용 양념장

고춧가루 3큰술
리퀴드 아미노스 2큰술
액젓 2큰술
에리스리톨 2큰술
다진 마늘 1큰술
후추 약간

*1컵은 240ml 기준입니다.

만들기

1. 찜용 돼지갈비는 먹기 좋은 크기로 잘라 1시간 정도 찬물에 담가 핏물을 제거한다.
2. 양파는 큼직하게 자르고, 양배추는 한입 크기로, 대파 1대는 2~3등분으로 길게 잘라두고 1/2대는 어슷썰어 둔다. 무는 도톰하게 한입 크기로 자른다.
3. 분량의 재료를 섞어 찜용 양념장을 만들어 둔다.
4. 냄비에 2의 양파와 대파 1대 분량, 양배추, 핏물 뺀 돼지고기를 넣고 돼지고기가 충분히 잠기도록 물을 넉넉히 부은 후 대장부를 넣어 불에 올린다.
5. 4가 끓으면 중불로 줄여 1시간 익힌다.
6. 대파만 건져내고 무와 양념장을 넣어 20분 정도 익힌다.
7. 어슷썰어 남겨둔 대파를 넣고 조금 더 끓여준다.

> **팁**
> 2번 과정의 대파는 돼지갈비를 익힐 때 먼저 1대 분량을 사용하고 마무리할 때 어슷썰어 1/2대를 사용해요.

> **팁**
> 4, 5번 과정에서 향신 재료와 함께 돼지갈비를 익힐 때는 뚜껑을 열고 익혀야 잡내 등 좋지 않은 냄새가 날아가요.

포인트

1. 1인당 단호박 100g을 곁들이면 칼로리 29, 지방 0.2g, 단백질 1g, 탄수화물 7.2g, 식이섬유 1.4g이 추가돼요.
2. 단맛이 나는 향신채소와 함께 돼지갈비를 애벌로 익혀 국물에 채소의 단맛이 배어들게 했어요.

떡만둣국
_1인분

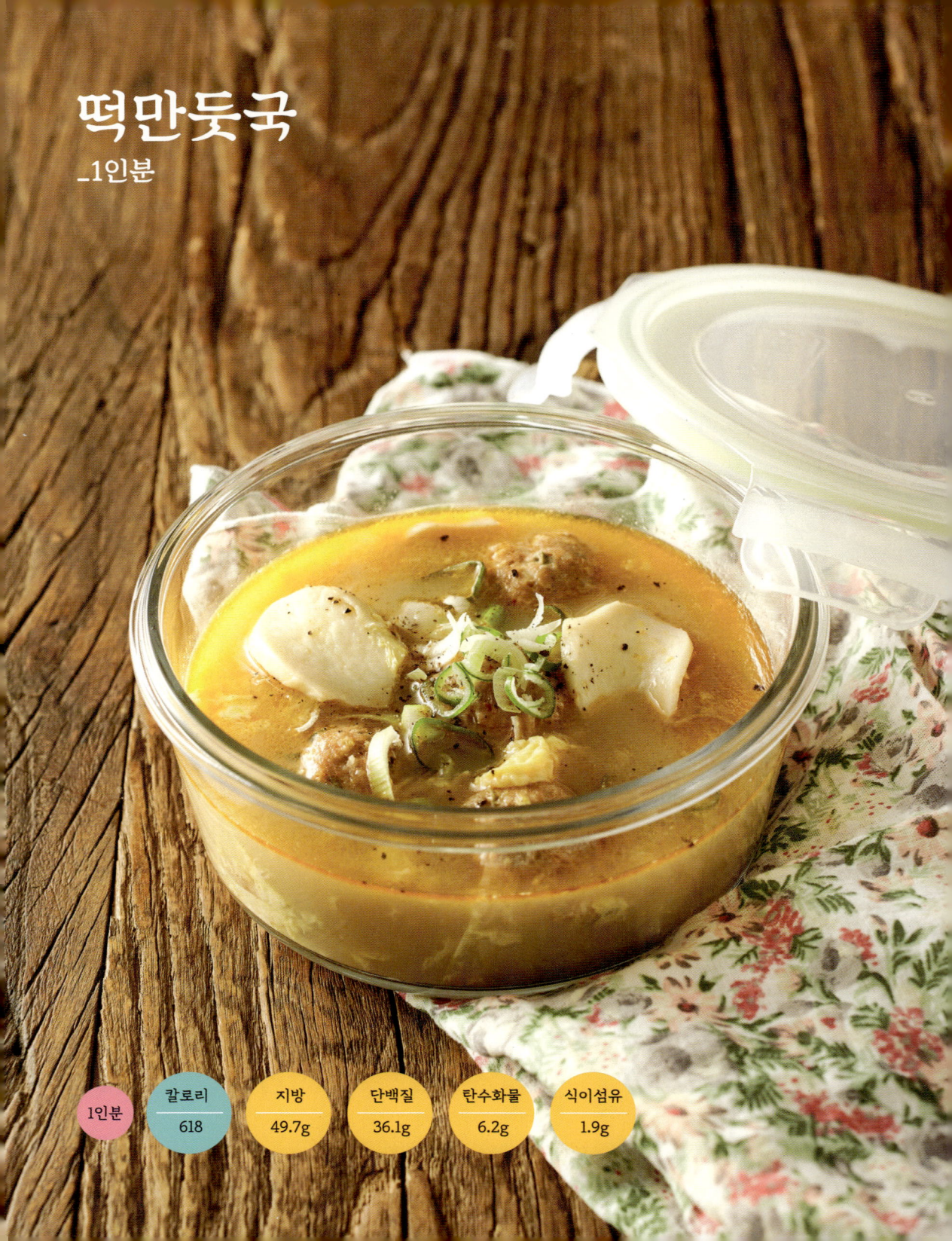

| 1인분 | 칼로리 618 | 지방 49.7g | 단백질 36.1g | 탄수화물 6.2g | 식이섬유 1.9g |

만두볼을 냉동 보관해요 목 금

■ 냉동실에 만들어 둔 김치만두볼만 있으면 라면만큼 쉽고 빠르게 완성되는 떡만둣국이에요. 떡이 불어날 염려가 없어 도시락으로 아주 좋아요. 언뜻 진짜 떡국떡처럼 보이는 새송이 가짜 떡은 많은 분들이 만들면서 재밌다고 했어요.

재료
사골육수 250ml
김치만두볼 5개
새송이버섯 줄기만 1/2개
달걀 1개
송송 썬 대파 약간
국간장, 소금, 후추 약간

만들기
1. 새송이 줄기는 동그란 모양을 살려 떡국떡 크기로 잘라둔다.
2. 냄비에 김치만두볼과 새송이를 담고 사골육수를 부어 불에 올린다.
3. 만두볼의 속까지 뜨거워질 정도로 충분히 끓인 후 국간장으로 간을 맞춘다.
4. 그릇에 달걀을 풀어 소금으로 간한 후 약불로 줄이고 국물에 골고루 부어 10~20초 후 불을 끈다. 송송 썬 대파와 후추를 뿌린다.

김치만두볼
다진 돼지고기 400g
잘 익은 김치 100g
양파 50g
다진 대파 3큰술
리퀴드 아미노스 1큰술
참기름 1/2큰술
라드 2큰술
고춧가루 1작은술
소금, 후추 약간

만들기
1. 국물을 꼭 짠 김치와 양파는 잘게 다져 준비한다.
2. 돼지고기에 모든 재료를 넣고 잘 치대어 만두소를 만든 후 40g씩 떼어내어 큼직한 미트볼 형태로 빚는다(16개).
3. 200℃ 예열된 오븐에 20분 굽는다.

2번 과정에서 김치만두볼이 냉동 상태라면 따로 해동하지 않고 처음부터 찬 육수와 함께 끓이면 됩니다.

포인트

1. 새송이버섯의 크기가 너무 작으면 음식의 양이 나오지 않으므로 큰 새송이버섯을 사용하기 권해요.
2. 새송이는 동그란 모양을 살려 썰어야(찢어지는 결 반대 방향) 떡과 비슷하게 부드러운 식감을 낼 수 있어요.

키토식을 위하여_
버터 이야기

저탄고지 식이를 하는 사람에게 버터는 상징처럼 느껴지죠.
지방을 보충할 때 이보다 유용한 게 또 있을까?
가지고 다니기에 좋은 포션 버터 들을 추천해요.
저렴하게 구입할 수 있는 유통기한 임박 버터도 좋아요.
냉동 보관하면 좀 더 오래 먹을 수 있으니까요.
버터는 냄새를 흡수하는 성질이 있으니 밀봉해서 보관해요.

대형 마트나 치즈 전문 판매 사이트를 이용해요.

순대없는순대볶음
_넉넉한 1인분

1인분	칼로리	지방	단백질	탄수화물	식이섬유
	939	74.7g	41.3g	29.5g	9.7g

슬슬 귀찮아져요

순대는 들어 있지 않지만 고기와 채소만으로도 순대볶음의 맛을 즐길 수 있는 음식이에요. 삼겹살을 넣으면 저탄고지 식단으로 손색이 없어요.

재료

삼겹살 200g
양파 50g
양배추 150g
깻잎 15장
대파 50g
청고추 1개
생들기름 1큰술

볶음용 양념

고춧가루 1.5큰술
들깻가루 1.5큰술
리퀴드 아미노스 1큰술
국간장 1작은술
대장부 1큰술
다진 마늘 1작은술
후추 약간

만들기

1. 삼겹살은 먹기 좋은 크기로 자르고 양파는 도톰하게 채 썬다. 양배추는 사방 3cm 정도 크기로 잘라놓고 대파와 고추는 어슷 썬다. 깻잎은 적당히 찢어둔다.
2. 볶음용 양념은 잘 섞어둔다.
3. 팬에 삼겹살을 구워 덜어낸 후 남아 있는 삼겹살 기름에 양배추와 양파를 넣고 강불에 볶는다.
4. 양배추와 양파가 드문드문 노릇해지면 대파, 고추, 구워둔 삼겹살, 볶음용 양념을 넣고 섞으며 볶는다.
5. 깻잎을 넣고 숨이 죽을 때까지 뒤적이다 불에서 내린 후 생들기름을 넣고 고루 섞는다.

팁: 5번 과정에서 깻잎을 좋아한다면 깻잎 양을 얼마든지 늘려도 괜찮아요.

포인트

4번 과정에서 삼겹살을 굽고 나서 배어나온 기름이 충분치 않다면 라드를 조금만 더해 채소를 볶아도 좋아요.

돼지고기가지구이
_1인분

1인분	칼로리	지방	단백질	탄수화물	식이섬유
	580	47.3g	27.6g	11.9g	6.2g

주말에 만들어요 월

배를 가른 가지에 달짝지근한 간장 양념장을 끼얹어 먹는 중국요리에서 아이디어를 얻어 고기소를 듬뿍 얹어 한 끼 식사로 가능하게 만들어봤어요. 마지막 단계에서 모차렐라 치즈를 뿌려 익히면 맛도 어울리고 먹을 때 고기소가 덜 흩어져요.

재료

가지 1개(약 170g)
다진 돼지고기 150g
다진 대파 30g
다진 마늘 1/2작은술
다진 생강 1/3작은술
라드 1큰술
리퀴드 아미노스 1작은술
대장부 1작은술
참기름 1/2작은술
소금, 후추 약간

만들기

1. 가지는 깨끗이 씻은 후 접시에 담아 통째로 전자레인지에 3~4분 익힌다.
2. 1의 가지가 뜨거울 때 길게 칼집을 내어 반으로 갈라 펼친 후 가운데 씨가 있는 부분을 제거하고 수분을 날리며 식힌다.
3. 팬에 라드를 녹이고 대파 , 마늘, 생강을 중불에 볶다가 대파의 숨이 죽으면 돼지고기를 넣고 함께 볶는다.
4. 돼지고기가 반쯤 익으면 리퀴드 아미노스와 대장부를 넣어 물기 없게 볶은 후 불에서 내려 참기름과 후추를 넣고 섞는다.
5. 2의 가지에 소금과 후추를 약간씩 뿌린 후 볶은 돼지고기를 얹고 남겨둔 대파를 뿌려 200℃ 예열된 오븐에 10분간 굽는다.

팁
2번 과정에서 가지를 가를 때 완전히 갈라지지 않도록 주의하며 칼집을 내주세요.

팁
3번 과정에서 대파를 1큰술 정도 남겨놓고 볶아요. 마지막 단계에서 사용할 거예요.

포인트

1. 가지의 씨 부분을 제거해 요리하면 탄수의 양도 줄일 수 있고 가지를 먹은 다음 속이 불편한 사람도 편하게 먹을 수 있어요.
2. 5번 과정에서 오븐에 굽는 과정을 생략하고 음식을 용기에 담아 가서 전자레인지에 그대로 데워도 괜찮아요.

홈메이드 브렉퍼스트 소시지
_14개

1개당	칼로리	지방	단백질	탄수화물	식이섬유
	122	10.3g	6.1g	0.7g	0.1g

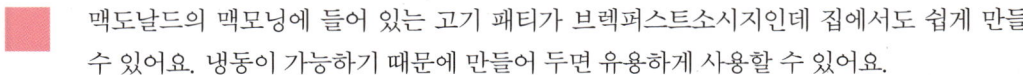

주말에 만들어요 / 월

맥도날드의 맥모닝에 들어 있는 고기 패티가 브렉퍼스트소시지인데 집에서도 쉽게 만들 수 있어요. 냉동이 가능하기 때문에 만들어 두면 유용하게 사용할 수 있어요.

재료

다진 돼지고기 500g
양파 100g
세이지 1/2작은술
소금 1/2작은술
마늘가루 1/4작은술
후추 1/4작은술
라드 3큰술

만들기

1. 양파는 잘게 자른 후 팬에 라드 1큰술을 녹이고 드문드문 노릇해질 때까지 볶아 식힌다.
2. 1의 양파가 식으면 돼지고기, 세이지, 소금, 마늘가루, 후추를 넣어 잘 치댄 후 40g씩 덜어 납작하게 빚는다.
3. 팬에 남겨둔 라드를 두르고 2를 노릇하게 굽는다.

팁
라드는 총 3큰술이 필요해요..
양파 볶을 때 1큰술
소시지 구울 때 2큰술로
나누어 사용하세요.

팁
2번 과정에서 세이지는
소량 사용되지만
브렉퍼스트소시지
특유의 맛을 내는 재료이니
빠뜨리지 말고 넣어주세요.

포인트

소시지를 납작하게 빚어 굽지 않고 밀봉해서 냉동해 두면 여러 모로 쓸모가 있어요. 구워서 간단한 고기 요리로도 좋고, 샐러드에 곁들이거나 샌드위치 속재료로도 좋아요. 냉동된 반죽은 해동하지 않고 바로 구워서 사용하면 돼요.

브렉퍼스트소시지달걀볶음
_1인분

| 1인분 | 칼로리 794 | 지방 67.2g | 단백질 37g | 탄수화물 9.2g | 식이섬유 1.6g |

소시지 반죽을 냉동 보관해요 월 화 수 목 금

 미리 만들어 냉동 보관한 브렉퍼스트소시지 반죽이 있다면 달걀과 함께 볶아 맛있는 한 끼를 뚝딱 만들 수 있어요. 볶을 때 피망이나 파프리카 등 채소를 추가해도 잘 어울려요.

재료

브렉퍼스트소시지 반죽 4개분량(약 160g, 81쪽 참고)
대파 1/2대
달걀 2개
생크림 2큰술
라드 1큰술
소금, 후추 약간

만들기

1. 달걀에 생크림을 넣어 잘 섞은 후 소금과 후추로 간하고, 대파는 송송 썰어둔다.
2. 팬에 라드를 두르고 브렉퍼스트소시지 반죽을 올려 밑면을 노릇하게 굽는다.
3. 2의 소시지를 뒤집어 반대편도 노릇하게 익힌 후 썰어둔 대파를 넣고 소시지를 잘게 부숴주며 함께 익힌다.
4. 대파가 익으면 소시지와 함께 한 켠으로 밀어놓고 달걀물을 부어 달걀이 약간 익으면 휘저으며 소시지, 대파와 함께 익힌다.

팁 2번 과정에서 냉동한 소시지 반죽은 해동하지 않고 바로 사용해도 좋아요.

팁 3번 과정에서 소시지의 모양을 살릴 필요가 없으니 겉면을 노릇하게 익힌 후 부수면서 고루 익혀 주세요.

포인트

다른 재료와 함께 달걀을 볶을 때, 볶던 재료에 달걀을 부으면 곤죽이 될 수 있으니 팬 한 켠에 달걀을 어느 정도 익힌 후 다른 재료들과 같이 볶는 게 좋아요.

비프앤브로콜리
_2인분

1인분 | 칼로리 528 | 지방 38g | 단백질 33.1g | 탄수화물 13.2g | 식이섬유 3.3g

슬슬 귀찮아져요 수

유럽이나 북미권 나라에 가면 저렴하고 맛있으면서 어디서나 쉽게 먹을 수 있는 메뉴가 중국집의 비프앤브로콜리예요. 식이를 하기 전엔 쌀밥을 주문해 함께 먹었지만 이제는 짜지 않게 양념해 브로콜리와 고기를 듬뿍 넣어 밥 없이도 든든하게 먹어요.

재료
소고기 불고기용[팁] 300g
브로콜리 200g
양파 50g
라드 2큰술[팁]
마늘 2톨
생강 1조각(마늘 1톨 크기)
마무리용 참기름 1/2작은술
후추 약간

소고기용 양념
리퀴드 아미노스 2작은술
그린바나나파우더 2작은술
대장부 1작은술
참기름 1작은술

볶음용 양념
리퀴드 아미노스 2작은술
대장부 1작은술
에리스리톨 1작은술
식초 1작은술

만들기
1. 브로콜리는 한입 크기로 자르고 양파는 채 썬다. 마늘은 편으로, 생강은 채 썰어둔다.
2. 소고기는 한입 크기로 잘라 소고기용 양념을 넣어 버무린 후 웍에 라드 1큰술을 녹이고 고루 익도록 볶아서 덜어낸다.
3. 웍에 라드 1큰술을 녹이고 마늘편과 생강채를 중불에 충분히 볶아 향을 낸 후 브로콜리와 양파를 넣고 불을 키워 2~3분간 강불에 볶는다.
4. 3에 볶음용 양념을 넣고 고루 섞은 후 2의 소고기를 넣고 함께 볶는다.
5. 전체적으로 뜨겁게 볶아지면 불에서 내리고 참기름 1/2작은술과 후추를 넣어 섞는다.

팁 소고기는 한우를 사용했어요. 로스용이나 불고기용이 좋아요.

팁 라드 2큰술은 2번과 3번 과정에서 나누어 사용해요.

포인트
1. 소고기용 양념에 들어가는 그린바나나파우더는 전분 역할을 해요. 고기에 전분을 묻혀 한 번 튀긴 다음 다시 조리해 식감을 부드럽게 해주는 조리법인데 없다면 생략해도 괜찮아요.
2. 볶음용 양념에 들어가는 식초는 감칠맛을 내기 위한 것이니 빠뜨리지 말고 넣어 주세요. 요리에서 새콤한 맛은 나지 않아요.

에브리띵샥슈카
_2인분

1인분	칼로리	지방	단백질	탄수화물	식이섬유
	565	38.8g	40g	12g	5.4g

슬슬 귀찮아져요 **수**

샥슈카는 달걀 요리라 그런지 아침이나 브런치 메뉴처럼 느껴지지요. 냉장고에 있는 자투리 재료들을 이용해 보세요. 베이컨과 고기를 넣고 치즈까지 얹으면 풍성한 한 끼가 된답니다.

재료

다진 소고기^팁 150g
베이컨 3줄(90g)
피망 1개
양파 50g
캔토마토^팁 400g
달걀 4개
슈레드 체더치즈 60g
기버터 1큰술
커민가루 1/2작은술
파프리카가루 1/2작은술
소금, 후추 약간
파슬리가루 약간

만들기

1. 베이컨, 피망, 양파는 잘게 잘라 놓는다.
2. 팬에 베이컨을 볶다가 노릇하게 익으면 기버터, 양파, 피망을 넣고 볶는다.
3. 양파가 반투명하게 익으면 다진 소고기를 넣고 함께 볶으며 소금과 후추로 간한다.
4. 소고기의 색이 변하면 캔토마토, 커민가루, 파프리카가루를 넣고 저어주며 끓인다.
5. 맛이 어우러지게 고루 끓으면 소금과 후추로 간을 하고 스푼으로 4개의 홈을 만들어 달걀을 하나씩 넣는다. 치즈를 고루 뿌리고 뚜껑을 덮어 약불에 6~8분 익힌 후 파슬리가루를 뿌려 먹는다.

팁
다진 소고기 대신
불고기용이나 덩어리 소고기를
한입 크기로 잘라
사용해도 좋아요.

캔토마토는 으깬 것,
깍둑썬 것, 갈아놓은 것,
홀토마토 어느 것이든 좋아요.
홀토마토는 나무주걱으로
으깨면서 끓이면 돼요.

팁

포인트

1. 도시락을 쌀 때는 달걀을 기준으로 한 덩어리씩 뚝뚝 떠서 담아요.
2. 커민 향이 익숙하지 않다면 생략해도 좋아요.

베이컨미트로프
_6인분

| 1조각 | 칼로리 611 | 지방 45.5g | 단백질 44.7g | 탄수화물 3.3g | 식이섬유 0.6g |

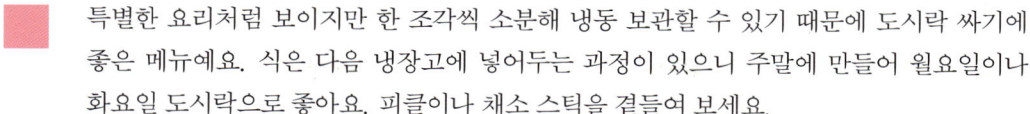

특별한 요리처럼 보이지만 한 조각씩 소분해 냉동 보관할 수 있기 때문에 도시락 싸기에 좋은 메뉴예요. 식은 다음 냉장고에 넣어두는 과정이 있으니 주말에 만들어 월요일이나 화요일 도시락으로 좋아요. 피클이나 채소 스틱을 곁들여 보세요.

재료

다진 돼지고기 500g
다진 소고기 500g
베이컨 10줄(270g)
양파 작은 것 1개
피망 1개
슈레드 모차렐라 치즈 100g
달걀 1개
홀그레인 머스터드 1/2작은술
소금 1작은술
후추 1/2작은술
기버터 1큰술
여분의 소금 약간

만들기

1. 피망과 양파는 잘게 자른 후 기버터를 녹인 팬에 양파가 반투명해지고 피망이 익을 때까지 볶아서 식힌다.
2. 다진 돼지고기, 다진 소고기, 볶은 양파와 피망, 모차렐라 치즈, 달걀, 홀그레인 머스터드, 소금, 후추를 볼에 담고 치대며 골고루 섞는다.
3. 23.5×13.5×7cm 크기의 파운드케이크틀의 바닥과 양 옆면을 베이컨으로 빼곡히 깔아준다.
4. 3의 베이컨 위에 2의 반죽을 꾹꾹 눌러 담고 옆면에 남는 베이컨은 반죽 위로 접어 붙인 후 180℃ 예열된 오븐에서 1시간 굽는다.
5. 완전히 식힌 후 랩으로 덮어 하룻밤 냉장고에 둔 후 6조각으로 자른다.
6. 자른 미트로프는 프라이팬에 한 번 앞뒤로 구운 뒤 먹는다.

팁 1번 과정에서 피망과 양파는 소금으로 살짝 간하면서 볶아 주세요.

팁 3번 과정에서 베이컨이 1/3 정도씩 겹치도록 해주세요.

포인트

1. 크게 만들어 잘라 먹을 수 있으니 모양을 빚어 하나씩 굽는 패티보다 오히려 만들기 편해요. 자른 후 한 조각씩 밀봉해 냉동이나 냉장 보관하고 먹을 때 프라이팬에 앞뒤로 한 번 구우면 돼요.
2. 냉장이나 냉동 보관하고 도시락을 쌀 때 프라이팬에 한 번 구워 담아가면 고기가 덜 익었을까 염려하지 않아도 돼요.

냉샤브샤브
_1인분

| 1인분 | 칼로리 548 | 지방 36.8g | 단백질 44.8g | 탄수화물 11.4g | 식이섬유 0.9g |

주말에 만들어요 월 화

 모든 재료를 시원하게 보관했다가 바로 먹을 수 있는 음식이기 때문에 도시락으로 준비하기에 좋아요.

재료
소고기 불고기용 200g
새송이버섯 중간크기 1개
마른 미역 5g
양파 30g
소금 1/2작은술
대장부 2큰술

소스
생수 2큰술
올리브오일 1큰술
시판 된장 1작은술
아몬드버터 1작은술
에리스리톨 1작은술
리퀴드 아미노스 1/2작은술
애플사이더식초 1/2작은술

만들기
1. 새송이버섯은 길이로 얇게 썰어두고 마른 미역은 찬물에 담가 충분히 불린 후 한 번 헹궈 물기를 꼭 짜둔다.
2. 양파는 얇게 채 썰어 찬물에 담가 매운맛을 제거한다.
3. 냄비에 물 1리터와 소금 1/2작은술을 넣어 불에 올려 물이 끓으면 잘라둔 새송이버섯을 1분간 데치고 찬물에 담갔다가 물기를 꼭 짜준다.
4. 새송이버섯을 데친 물에 대장부 2큰술을 넣고 물이 다시 끓으면 소고기를 넣어 젓가락으로 흔들어 익힌 후 완전히 익으면 건져내 찬물에 담갔다가 체에 받쳐 물기를 뺀다.
5. 분량의 소스 재료를 모두 미니믹서에 돌려준다.
6. 데친 새송이버섯과 고기, 양파채, 불린 미역을 용기에 담고 소스는 별도의 용기에 담아 찍어 먹는다.

포인트
1. 아몬드버터 대신 다른 종류의 넛버터를 사용해도 좋아요.
2. 시판 된장에는 달짝지근한 맛이 있어 냉샤브샤브용 소스에 집된장이 아닌 시판 된장을 사용했어요.

칠리
_4인분

| 1인분 | 칼로리 364 | 지방 25.3g | 단백질 27g | 탄수화물 5.4g | 식이섬유 2.6g |

월 화 수 목 금

추운 겨울에 따끈하고 매콤한 칠리 한 그릇은 칠리를 먹으며 자라지 않은 사람에게도 소울푸드 느낌이에요. 키토식에서는 발효되지 않은 콩을 먹지 않기 때문에 콩 대신 고기를 듬뿍 넣어 만들었어요. 아보카도에 칠리를 얹고 사워크림을 곁들여 먹으면 아주 든든하답니다.

재료

다진 돼지고기 250g
다진 소고기 250g
캔토마토 400g
피망 큰 것 1/2개
양파 50g
사골육수 250ml
라드 1큰술
칠리파우더 1큰술
오레가노 1/2작은술
커민가루 1/2작은술
코리앤더가루 1/2작은술
리퀴드 아미노스 1큰술
애플사이더식초 1/2큰술
90% 다크초콜릿 10g
소금, 후추 약간

만들기

1. 피망과 양파는 잘게 잘라둔다.
2. 냄비에 라드를 녹이고 피망과 양파를 볶는다.
3. 양파가 투명하게 익으면 다진 돼지고기와 다진 소고기를 넣고 소금과 후추로 밑간한 후 칠리파우더, 오레가노, 커민가루, 코리앤더가루를 넣어 섞으며 볶는다.
4. 고기가 반쯤 익으면 사골육수, 캔토마토, 리퀴드 아미노스, 애플사이더식초, 초콜릿을 넣고 끓인다.
5. 4가 끓으면 약불로 줄여 가끔씩 저어주며 40분 이상 뭉근하게 끓인다.
6. 부족한 간은 소금과 후추로 한다.

캔토마토는 으깬 것, 깍둑 썬 것, 갈아놓은 것, 홀토마토 어느 것이든 좋아요. 홀토마토는 나무주걱으로 으깨면서 끓이면 돼요.

팁
5번 과정 중 국물이 졸아들면 사골육수를 조금씩 더 넣어요.

포인트

1. 칠리는 오래 뭉근하게 끓여야 맛이 어우러지니 끓이는 시간을 줄이지 않는 게 좋아요.
2. 도시락을 쌀 땐 용기에 깍둑썬 아보카도를 담고 칠리를 얹은 후 치즈만 뿌리고 사워크림은 따로 가져가세요. 전자레인지에 칠리를 데운 후 사워크림을 얹어 먹으면 됩니다. 아보카도가 없을 땐 사워크림과 체더치즈만 곁들여 먹어도 좋아요.

키토식을 위하여_
피클 이야기

기름진 음식이 많은 저탄고지 식단에서
오아시스를 찾는다면 그것은 바로 피클이지요.
고추와 오이 등 채소 피클을 곁들이면
입가심도 되고 느끼한 맛을 싸악 잡아주는 데 손색이 없어요.
키토식에 맞게 설탕 유무를 꼭 확인하세요.
설탕을 넣지 않고 직접 만들어 먹어도 좋아요.

창고형 마트나 해외 직구 사이트를 이용해요.

소고기토마토스튜와 매시드콜리플라워

_4인분

스튜만 1인분	칼로리	지방	단백질	탄수화물	식이섬유
	471	32.4g	34.4g	9.5g	2.7g

주말에 만들어요

쌀쌀한 날씨에 먹으면 가슴속까지 따뜻해지는 소고기스튜예요. 뚝딱 만들 수 있는 메뉴는 아니지만 특별한 날을 위해 도시락으로 준비해 보세요.

재료(소고기 토마토 스튜)

소고기 부채살 600g
양송이버섯 200g
양파 100g
셀러리 40g(약 1/2줄기)
방울토마토 100g
캔토마토 200g
사골육수 2컵*
토마토 페이스트 1큰술
레드와인식초 1큰술
리퀴드 아미노스 1큰술
월계수잎 2장
말린 타임 1/4작은술
라드 2큰술
차가운 버터 50g
소금, 후추 약간

*1컵은 240ml 기준입니다.

 팁
소고기는 부채살이나 사태덩어리를 사용해요.

6번 과정에서 1시간 혹은 고기가 부드럽게 익고 국물이 걸쭉해질 때까지 끓여요.

 팁

만들기

1. 양파와 셀러리는 잘게 자르고 양송이는 크기에 따라 2~4등분 하고 소고기는 사방 3cm 크기로 썰어둔다.
2. 잘라둔 소고기에 소금을 뿌린 후 냄비에 라드를 녹이고 소고기 겉면을 노릇하게 구워 꺼내둔다.
3. 소고기를 구운 냄비에 양파와 셀러리를 넣고 소금과 후추로 간 하며 볶는다.
4. 양파가 반투명하게 볶아지면 토마토 페이스트를 넣고 볶다가 양송이버섯을 넣고 고루 섞는다.
5. 4에 구운 소고기, 캔토마토, 사골육수, 레드와인식초, 리퀴드 아미노스, 월계수잎, 타임을 넣고 끓인다.
6. 국물이 끓기 시작하면 뚜껑을 약간만 열고 1시간 동안 중약 불로 익히면서 국물이 너무 졸지 않도록 중간중간 확인하며 눌지 않도록 저어준다.
7. 고기가 부드럽게 익고 국물이 졸아들면 방울토마토를 넣고 5분 더 끓인 후 부족한 간은 소금과 후추로 맞춘다.
8. 스튜를 불에서 내린 후 차가운 버터를 여러 조각으로 잘라 넣고 저어주며 녹인다.

◐◐◐ 매시드 콜리플라워는 다음 페이지

포인트

1. 마지막에 차가운 버터를 넉넉히 넣고 저어주면 국물의 농도도 더해지고 풍미가 깊어져요.
2. 소금으로만 간을 해도 되지만 리퀴드 아미노스를 넣으면 감칠맛을 더할 수 있어요.

재료(매시드 콜리플라워)

콜리플라워 450g
양파채 120g
버터 40g
생크림 1/2컵*
파르메산 간 것 40g
소금 약간

*1컵은 240ml 기준입니다.

만들기

1. 콜리플라워는 반입 크기 정도로 잘라 씻은 후 내열용기에 담아 랩을 씌워 전자레인지에 7~10분 돌려서 익힌다.
2. 냄비에 버터를 녹이고 양파채를 중불에 볶는다.
3. 양파채가 드문드문 노릇해지면 1의 콜리플라워를 넣고 섞은 후 생크림, 파르메산을 넣고 핸드블렌더로 곱게 갈아준다.
4. 부족한 간을 소금으로 맞추고 뜨거워질 정도로만 고루 저으며 데운다.

팁

1번 과정에서 가정마다 전자레인지의 전력이 다를 수 있으니 완전히 익을 때 까지 돌려주세요.

1인분	칼로리	지방	단백질	탄수화물	식이섬유
	268	22.8g	6.2g	11.4g	3.3g

포인트

1. 입자가 느껴지지 않도록 아주 곱게 갈아야 매시드 콜리플라워의 식감이 좋아요.
2. 냄비째 핸드블렌더로 갈아 만들어야 하기 때문에 지름이 넓은 것보다 깊이가 있는 냄비를 사용하는 것이 좋아요.

갈빗살을 이용한 스테이크덮밥
_1인분

| 1인분 | 칼로리 754 | 지방 58.6g | 단백질 47.3g | 탄수화물 6.8g | 식이섬유 1.7g |

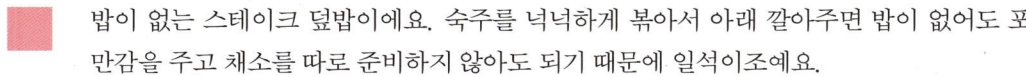

■ 밥이 없는 스테이크 덮밥이에요. 숙주를 넉넉하게 볶아서 아래 깔아주면 밥이 없어도 포만감을 주고 채소를 따로 준비하지 않아도 되기 때문에 일석이조예요.

재료
소갈빗살 200g
숙주 150g
양파채 30g
라드 1/2큰술
반숙 달걀 1개
송송 썬 쪽파 약간
통깨 약간
소금, 후추 약간

덮밥용 소스
대장부 3큰술
리퀴드 아미노스 1큰술
고추냉이 1작은술
에리스리톨 1작은술
버터 10g

팁
1번 과정에서 소갈빗살은
소금과 후추로
살짝 밑간을 해요.
2번 과정에서 숙주와
양파채도 밑간을 해요.

만들기
1. 팬에 라드를 녹이고 소갈빗살을 한입 크기로 자르며 노릇하게 구워 꺼내둔다.
2. 갈빗살을 구워낸 팬에 숙주와 양파채를 넣고 최대한 센 불에 숙주의 숨이 살짝 죽을 정도로 볶아낸다.
3. 팬에 덮밥용 소스 재료를 모두 넣고 고추냉이를 잘 풀어주며 바글바글 끓인 후 끈적하게 농도가 생기면 불에서 내린다.
4. 용기에 볶은 숙주를 먼저 담고 구운 갈빗살을 올린 후 3의 덮밥용 소스를 고루 끼얹는다.
5. 4에 반숙 달걀을 올리고 송송 썬 쪽파와 통깨를 뿌린다.

⬢ 반숙 달걀 만들기
1. 빈 냄비 바닥에 물을 1cm 높이로 담아 불에 올린다.
2. 1의 물이 끓으면 냉장고에서 꺼낸 달걀을 국자에 올려 조심스럽게 냄비에 옮겨 담는다(달걀 아랫부분만 물에 잠긴 상태).
3. 냄비의 뚜껑을 닫고 중불에서 6분 30초 달걀을 익힌 후 바로 찬물에 식힌다.

포인트
1. 냉장고에서 꺼낸 차가운 달걀을 바로 사용하기 때문에 작은 충격에도 깨지기 쉬우니 국자를 이용해 조심스럽게 옮겨 담아요. 미리 꺼내 두었다가 냉기가 빠진 뒤 사용할 경우 조리시간을 약간 줄여주세요.
2. 반숙란을 만들기 어렵다면 노른자를 익히지 않은 달걀 프라이를 얹어도 맛있어요.

주말에 모든 재료를 준비해요 **월**

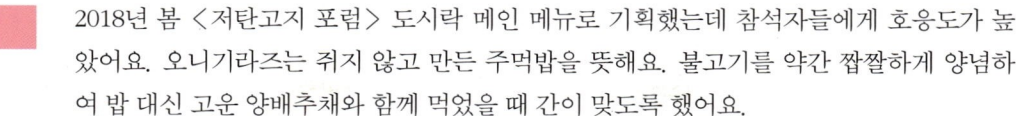

2018년 봄 <저탄고지 포럼> 도시락 메인 메뉴로 기획했는데 참석자들에게 호응도가 높았어요. 오니기라즈는 쥐지 않고 만든 주먹밥을 뜻해요. 불고기를 약간 짭짤하게 양념하여 밥 대신 고운 양배추채와 함께 먹었을 때 간이 맞도록 했어요.

재료

김밥용 김 2장
최대한 곱게 썬 양배추 100g
아보카도 1/2개분(슬라이스)
깻잎 2장
소고기 불고기용 300g
슬라이스 치즈 4장
달걀 4개
마요네즈, 스리라차 약간
소금 약간

불고기 양념

리퀴드 아미노스 1.5큰술
에리스리톨 3/4큰술
대장부 1/2큰술
참기름 1작은술
다진 파 1작은술
다진 마늘 1/2 작은술
후추 약간

만들기

1. 소고기는 불고기 양념으로 버무려 물기 없이 바싹 볶아둔다.
2. 달걀을 풀어 소금간을 한 후 슬라이스 치즈 크기로 도톰하게 두 장 부쳐둔다.
3. 김 가운데에 치즈 한 장을 45도 방향으로 비스듬히 놓고 그 위에 달걀과 아보카도 슬라이스를 올린다.
4. 깻잎을 깔고 불고기를 얹은 후 양배추채를 소복하게 올린다.
5. 슬라이스 치즈 한 장에 스리라차를 섞은 마요네즈를 바르고 마요네즈 면이 양배추채에 닿게 올린 후 치즈 윗면에도 김이 붙을 수 있도록 스리라차 마요네즈를 살짝만 바른다.
6. 김으로 보자기 싸듯 위, 아래, 오른쪽, 왼쪽을 여며 치즈에 붙인 후 랩으로 단단히 싼다. 3~6 과정을 한 번 더 반복해 총 2개를 만든다.
7. 용기에 담기 전에 반으로 자른다.

팁

양배추채가 고울수록 흩어짐을 방지하고 촘촘하게 쌓여 만들기도 쉽고 식감도 좋아요. 양배추채는 찬물에 담가 세척한 후 샐러드 스피너로 물기를 완전히 제거한 후 사용해요.

팁

2의 과정에서 프라이팬에 달걀물을 붓자 마자 처음에만 살짝 휘저어주다가 모양을 잡아주면 도톰하게 부칠 수 있어요.

포인트

1. 양배추는 채칼을 이용하면 손으로 써는 것보다 훨씬 곱게 썰 수 있어요.
2. 재료를 넉넉하게 올리고 타이트하게 감싸줘야 잘랐을 때 탄탄하고 단면도 예뻐요..
3. 김으로 쌀 때 야무지게 싸지지 않아도 랩으로 단단히 말아준 후 자르면 돼요.

강된장숙쌈
_3~4인분

1인분 | 칼로리 341 | 지방 22.1g | 단백질 19.2g | 탄수화물 17.7g | 식이섬유 5.7g

주말에 만들어요 월 화

감자 같은 전분질 재료를 넣지 않아 국물이 걸쭉해지지는 않지만 채소와 고기를 잔뜩 넣고 잘박하게 끓이면 충분히 맛있는 강된장을 즐길 수 있어요. 강된장은 생 쌈채소에 싸먹어도 맛있지만 익힌 채소와 함께 숙쌈으로 먹을 때 더 든든하고 맛있어요.

재료

우삼겹살^팁 300g
무 150g
새송이버섯 100g
주키니 100g
양파 50g
청양고추 2개
홍고추 1개
대파 50g
다진 마늘 1작은술
집된장 3~4큰술
멸치 가루 1작은술
고춧가루 1작은술
물 400ml

숙쌈 재료

양배추 600g
깻잎 40장
소금 약간

팁
우삼겹살이 없다면 대패삼겹살을 사용해요.

팁
숙쌈 재료를 익힐 때 2번 과정에서 양배추를 찬물에 담그지 않고 뜨거운 채 수분을 날리며 식혀야 질척거리지 않아요.

만들기

1. 우삼겹살은 1cm 너비로 잘라둔다. 무는 채 썰고 새송이버섯과 주키니, 양파는 사방 0.5~1cm 크기로 잘라둔다. 고추와 대파는 잘게 송송 썰어둔다.
2. 냄비에 우삼겹살을 넣고 달달 볶다가 고기의 색이 변하면서 기름이 녹아나오면 무를 넣어 고루 섞은 후 된장을 넣어 달달 볶는다.
3. 생된장의 냄새가 없어질 정도로 볶아지면 잘라둔 새송이버섯, 주키니, 양파를 넣고 물 400ml를 부어 멸치 가루, 고춧가루, 다진 마늘을 넣고 끓인다.
4. 채소 들이 고루 익고 국물이 자박해지도록 중불에서 10분 이상 끓인 후 고추와 대파를 넣고 5분 더 끓여 강된장을 완성한다.

🔸 숙쌈 재료 익히기

1. 물에 소금을 넣고 불에 올려 물이 끓으면 깻잎을 집게로 한꺼번에 집어 끓는 물에 넣고 몇 번 흔들어 익힌 후 찬물에 바로 담가 식혔다가 꼭 짜서 물기를 뺀다.
2. 깻잎을 익힌 물을 다시 끓여 양배추를 쌈 싸먹기 좋은 크기로 잘라 넣고 3분 익힌 후 체에 밭쳐 그대로^팁 식힌다.

포인트

아보카도를 깍둑썰어 볼에 담고 반숙으로 익힌 달걀 프라이 한두 개, 부추, 생들기름을 얹은 후 강된장을 듬뿍 넣어 비비면 강된장부추비빔밥으로 즐길 수 있어요.

타이식소고기커리
_2~3인분

| 1인분 | 칼로리 679 | 지방 55.2g | 단백질 32g | 탄수화물 13.4g | 식이섬유 2.8g |

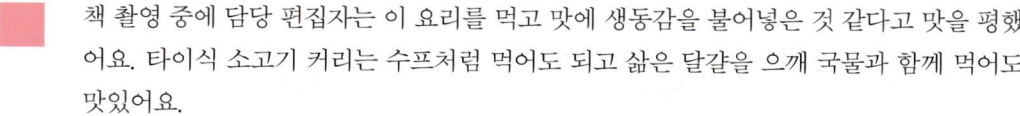

■ 책 촬영 중에 담당 편집자는 이 요리를 먹고 맛에 생동감을 불어넣은 것 같다고 맛을 평했어요. 타이식 소고기 커리는 수프처럼 먹어도 되고 삶은 달걀을 으깨 국물과 함께 먹어도 맛있어요.

재료

소고기^팁 300g
양파 150g
브로콜리 100g
버섯 100g
타이식 커리 페이스트^팁 40g
코코넛밀크 400ml
기버터 2큰술
액젓 약간
강황가루 1/2작은술(선택)
고수 약간(선택)
삶은 달걀 3개

만들기

1. 소고기와 양파, 브로콜리는 한입 크기로 먹기 좋게 잘라둔다.
2. 냄비에 기버터를 녹이고 커리 페이스트를 볶아 향을 내준다.
3. 2에 소고기를 넣고 겉면만 익도록 볶는다.
4. 코코넛밀크를 붓고 강황가루와 채소를 넣고 끓인다^팁.
5. 고기와 채소가 먹기 좋게 익으면 모자라는 간은 액젓으로 맞추고 다진 고수를 넣은 후 불을 끈다.
6. 삶은 달걀을 곁들인다.

> **팁**
> 4번 과정에서 강황가루가 없다면 생략해도 좋아요. 또, 채소를 끓일 때 처음에는 건더기가 많아 보여도 익을수록 수분이 나오기 때문에 국물이 흥건해져요.

> **팁**
> 소고기는 로스용이나 스테이크용을 사용해도 좋고 불고기용을 넣어도 좋아요.

> **팁**
> 타이식 커리 페이스트는 제품에 따라 설탕이 들어 있기도 해요.. 성분표를 꼭 확인하세요.

포인트

1. 유통기한이 가까운 생크림이 있다면 코코넛밀크와 반씩 섞어서 만들어도 좋아요.
2. 강황이 들어간 경우 플라스틱 용기에 물이 들 수 있으니 유리용기를 사용하세요.
3. 수입 피시소스에는 대부분 당분이 들어있으니 액젓 사용을 권해요.

베이컨치즈버거언위치
_1인분

| 1인분 | 칼로리 844 | 지방 66g | 단백질 54.1g | 탄수화물 6.9g | 식이섬유 1.9g |

패티를 만들어 두어요

 햄버거 번 없이 양상추로 감싸서 만든 언위치버거는 남편이 제일 좋아하는 도시락 메뉴 중 하나예요. 소고기 패티와 치즈, 달걀, 베이컨의 조합이니 어찌 맛이 없을 수 있겠어요.

재료

다진 소고기 150g
베이컨 2줄
달걀 1개
슬라이스 치즈 1장
토마토 중간 크기 1/2개
양파 약간
양상추잎 큰 것 3~4장
마요네즈 1큰술
무설탕 케첩 1작은술
라드 1큰술
소금, 후추

만들기

1. 베이컨은 노릇하게 굽고 달걀은 프라이한다. 토마토는 도톰하게 슬라이스하고 양파는 얇게 슬라이스한다.
2. 다진 소고기는 동글납작하게 패티를 만들어 앞뒤로 소금을 충분히 뿌려 라드를 두른 팬에 굽는다. 겉면이 브라운색으로 구워지면 불을 낮춰 속까지 익힌 후 후추를 뿌린다.
3. 랩이나 식품용 코팅 노루지 위에 양상추를 펼쳐 놓고 달걀 프라이를 올린 뒤 마요네즈를 바른다. 구운 소고기 패티를 올리고 무설탕 케첩을 바른 후 치즈, 베이컨, 토마토, 양파를 올리고 양상추로 감싼다.
4. 바닥에 깔아놓은 랩이나 식품용 코팅 노루지를 이용해 단단히 말아준다.

팁

식품용 코팅 노루지는 한 면만
비닐코팅이 되어 있어요.
코팅된 면에 음식이 닿도록 하고
겉면은 코팅되지 않았기 때문에
테이프를 붙여
고정시킬 수 있어요.

포인트

1. 소고기 패티를 만들 때 체온이 최대한으로 닿지 않도록 재빠르게 빚어서 구워야 고기의 지방이 녹아나지 않고 고기 입자 사이에 공간이 있어 맛있는 버거를 만들 수 있어요.
2. 구운 고기 패티, 달걀 프라이, 베이컨은 식은 다음 언위치를 만들어야 물기가 덜 생겨요.

니쿠자가
_2인분

1인분	칼로리	지방	단백질	탄수화물	식이섬유
	589	41.1g	41g	12.5g	1.8g

주말에 만들어요　월　화

 니쿠자가는 간장을 기본 양념으로 달짝지근하게 만든 일본식 고기감자조림이에요. 감자를 빼고 고기를 넉넉하게 넣어 실곤약과 함께 짜지 않게 만들면 한 끼 식사로 든든해요. 꽈리고추를 넣어 개운한 맛을 내고 버터를 추가해 부드럽고 고소한 맛을 더했어요.

재료

소고기 불고기용 400g
말린 표고채 5g
다시마^팁 3쪽
생강 엄지손가락 크기 1쪽
양파 150g
꽈리고추^팁 10개(50g)
실곤약 1봉지(200g)
리퀴드 아미노스 4큰술
에리스리톨 3큰술
대장부 3큰술
버터 30g
후추 약간

만들기

1. 말린 표고채와 다시마에 찬물 500ml를 부어 한 시간 정도 불린다. 생강은 2~3조각으로 잘라두고, 양파는 채 썰고, 꽈리고추는 꼭지를 떼어내고 반 갈라 씨를 제거한다.
2. 1의 표고와 다시마가 들어 있는 물을 불에 올려 끓으면 약불에 10분 둔 후 다시마를 건져내고, 생강, 리퀴드 아미노스, 에리스리톨, 대장부를 넣어 끓인다.
3. 2가 끓으면 소고기를 덩어리지지 않게 젓가락으로 풀어주며 살짝 끓인 후 실곤약과 양파를 넣는다.
4. 양파가 살캉하게 익으면 꽈리고추와 버터를 넣고 2~3분 더 끓인 후 후추를 넣어 마무리한다.

팁
다시마는 너구리 라면에 들어 있는 크기를 기준으로 3조각이에요.

팁
꽈리고추는 맵지 않은 것으로 사용해요..

포인트

마지막에 소금으로 간한 달걀을 풀어 넣어 휘젓지 말고 살짝 익혀서 규동처럼 먹어도 좋아요.

육개장
_6인분

1인분	칼로리	지방	단백질	탄수화물	식이섬유
	312	13.7g	38.8g	9.3g	3.7g

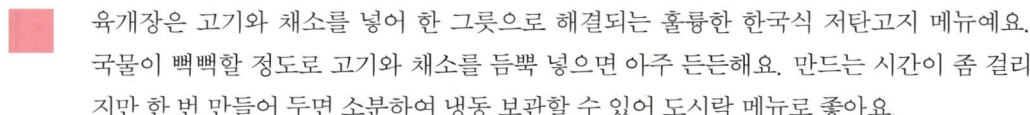

육개장은 고기와 채소를 넣어 한 그릇으로 해결되는 훌륭한 한국식 저탄고지 메뉴예요. 국물이 뻑뻑할 정도로 고기와 채소를 듬뿍 넣으면 아주 든든해요. 만드는 시간이 좀 걸리지만 한 번 만들어 두면 소분하여 냉동 보관할 수 있어 도시락 메뉴로 좋아요.

재료

소고기 사태 1kg
숙주 300g
느타리버섯 300g
대파 굵은 것 3대
소금이나 국간장, 액젓 약간

고기용 양념

고춧가루 3큰술
라드 3큰술
국간장 2큰술
다진 마늘 1큰술
참기름 1작은술
후추 약간

만들기

1. 소고기 사태에 찬물 2.5L를 붓고 소금 1/2작은술을 넣은 후 강불에 올린다. 물이 끓으면 떠오른 거품을 걷어내고 중불로 줄여 뚜껑을 약간 열리게 닫은 후 1시간 동안 익힌다.
2. 라드를 작은 냄비에 담고 약불에 녹인 후 고춧가루를 넣어 1~2분 볶아 고추기름을 만든다.
3. 완전히 익은 고기를 건져 어느 정도 식으면 잘게 찢어 2의 고추기름과 나머지 고기용 양념 재료를 넣고 고루 버무려 국물에 넣는다.
4. 느타리버섯은 먹기 좋은 굵기로 찢어 숙주와 함께 국물에 넣어 끓인다.
5. 국물이 한소끔 끓으면 대파를 5cm 길이로 잘라 반을 가른 후 국물에 넣는다.
6. 대파가 부드럽게 익을 정도로 끓인 후 부족한 간은 소금이나 국간장, 액젓으로 맞춘다.

> **팁**
> 고기용 양념을 할 때 라드 대신 아보카도오일을 사용해도 괜찮아요.

> **팁**
> 맑은 국이 아니므로 고기의 핏물을 빼는 과정이 없어도 괜찮아요. 하지만 1번 과정에서 검게 나오는 핏물 거품은 꼭 걷어내세요.

포인트

1. 육개장은 일반적으로 고사리, 토란대, 말린 고구마 줄기 등 말린 나물 들을 불려 넣지만 번거롭게 손질하거나 사전 준비 없이 바로 만들 수 있는 재료를 이용해 간편하게 만들었어요.
2. 넉넉히 만들어 소분해서 얼렸다가 한 팩씩 냄비에 데워 먹어도 좋아요. 건더기가 많지만 1인분씩 데울 때 달걀을 넣어 익히면 더 든든하게 먹을 수 있어요. 달걀은 소금으로 간하여 풀어준 뒤 넣어요.
3. 소고기 사태 대신 닭을 통째로 익혀 살을 발라 넣고 만들면 닭개장이 돼요.

키토식을 위하여_
달걀 이야기

달걀만큼 활용도가 높은 식재료는 드물지요.
다양한 메인 요리나 사이드 요리를 만들 수도 있고
기호에 맞게 삶은 달걀은 간식으로 가지고 다니기 좋아요.
마요네즈, 홀란다이즈, 베어네이즈 등
올리브오일이나 버터만 있다면 최고의 소스를 만들 수 있어요.
지방, 단백질, 무기질, 레시틴 등 성분도 좋아요.

저탄고지 식단에 맘껏 활용해 보세요.

달걀라따뚜이
_2~3인분

1인분	칼로리	지방	단백질	탄수화물	식이섬유
	348	24.6g	14.5g	17.7g	6.3g

주말에 만들어요

라따뚜이는 여름 채소 종류를 푸욱 익혀 만든 프랑스식 채소 스튜예요. 보통은 사이드 메뉴로 이용하는 데 달걀을 추가해 한 끼 식사로도 먹을 수 있게 만들었어요. 차갑게 먹어도 좋은 메뉴라 도시락으로 적합해요.

재료

주키니 큰 것 1개(약 500g)
양파 작은 것 1개
피망 2개
캔토마토 400g
기버터 3큰술
발사믹식초 1큰술
오레가노 1큰술
달걀 5개
소금, 후추

만들기

1. 주키니는 길이로 4등분하여 씨가 있는 부분은 칼로 도려내고 1.5cm 정도 크기로 잘라둔다. 피망은 씨를 제거한 후 양파와 함께 1.5cm 크기로 잘라둔다.
2. 팬에 기버터 2큰술을 녹이고 강불에서 주키니를 굽듯이 볶는다. 드문드문 노릇해지면 소금과 후추로 간한 후 남은 기버터 1큰술을 마저 녹이고 잘라둔 피망과 양파도 소금과 후추로 간하면서 함께 볶는다.
3. 양파가 투명하게 익으면 캔토마토, 발사믹식초, 오레가노를 넣고 끓인다.
4. 3이 끓기 시작하면 뚜껑을 닫고 약불로 줄여 20분간 익힌다.
5. 20분 후 채소가 무르게 익고 맛이 어우러지면 소금과 후추로 간을 해 라따뚜이를 완성한다.
6. 완성된 라따뚜이에 스푼으로 홀을 만들어 달걀을 하나씩 깨뜨려 넣은 후 뚜껑을 닫고 약불에 6분 익힌다.

팁
3번 과정에서 사용한 캔토마토가 홀토마토일 경우 나무주걱으로 토마토를 으깨주세요.

팁
6번 과정에서 6분간 익히면 노른자가 살짝 익은 상태가 돼요. 달걀 익히는 시간은 기호에 따라 조절하세요.

포인트

1. 라따뚜이에는 보통 올리브오일을 사용하지만 주키니를 강불에 굽듯이 익히는 과정 때문에 기버터를 사용했어요. 기버터의 향이 더해져 맛이 더 풍부해져요.
2. 데우지 않고 차갑게 먹어도 맛있지만 기버터의 식감이 안 좋아지니 차갑게 먹을 거라면 아보카도오일을 사용하세요.

햄데빌드에그
_6개

| 1개당 | 칼로리 95 | 지방 8.5g | 단백질 4g | 탄수화물 0.7g | 식이섬유 0g |

조금만 더 힘을 내요

데빌드에그는 어린 시절 할머니가 만들어주신 추억의 음식이에요. 노른자를 예쁘게 짜서 솜씨를 부린 할머니의 데빌드에그는 어린 제 눈에 무척 특별하게 보였어요. 햄을 다져 넣어 노른자를 반죽해 듬뿍 떠 넣으면 아주 맛있고 배도 부르답니다.

재료

달걀 3개
샌드위치용 슬라이스햄 2장
송송 썬 쪽파 2큰술
마요네즈 3큰술
홀그레인 머스터드 1/2작은술
후추 약간

만들기

1. 달걀은 완숙으로 삶아 껍질을 벗긴 후 반 갈라 노른자를 꺼내두고 슬라이스햄은 잘게 썰어둔다.
2. 노른자를 스푼으로 부순 후 햄, 쪽파, 마요네즈, 홀그레인 머스터드, 후추를 넣고 잘 섞는다.
3. 노른자가 있던 자리에 2를 듬뿍 올린다.

> **팁**
> 샌드위치용 슬라이스햄을 이용하면 쉽고 빠르게 다질 수 있어요.

포인트

만들기도 간단하고 하나씩 먹기도 좋아 끼니로도 간식으로도 좋은 음식이에요.

할라피뇨달걀고기파이

_4인분

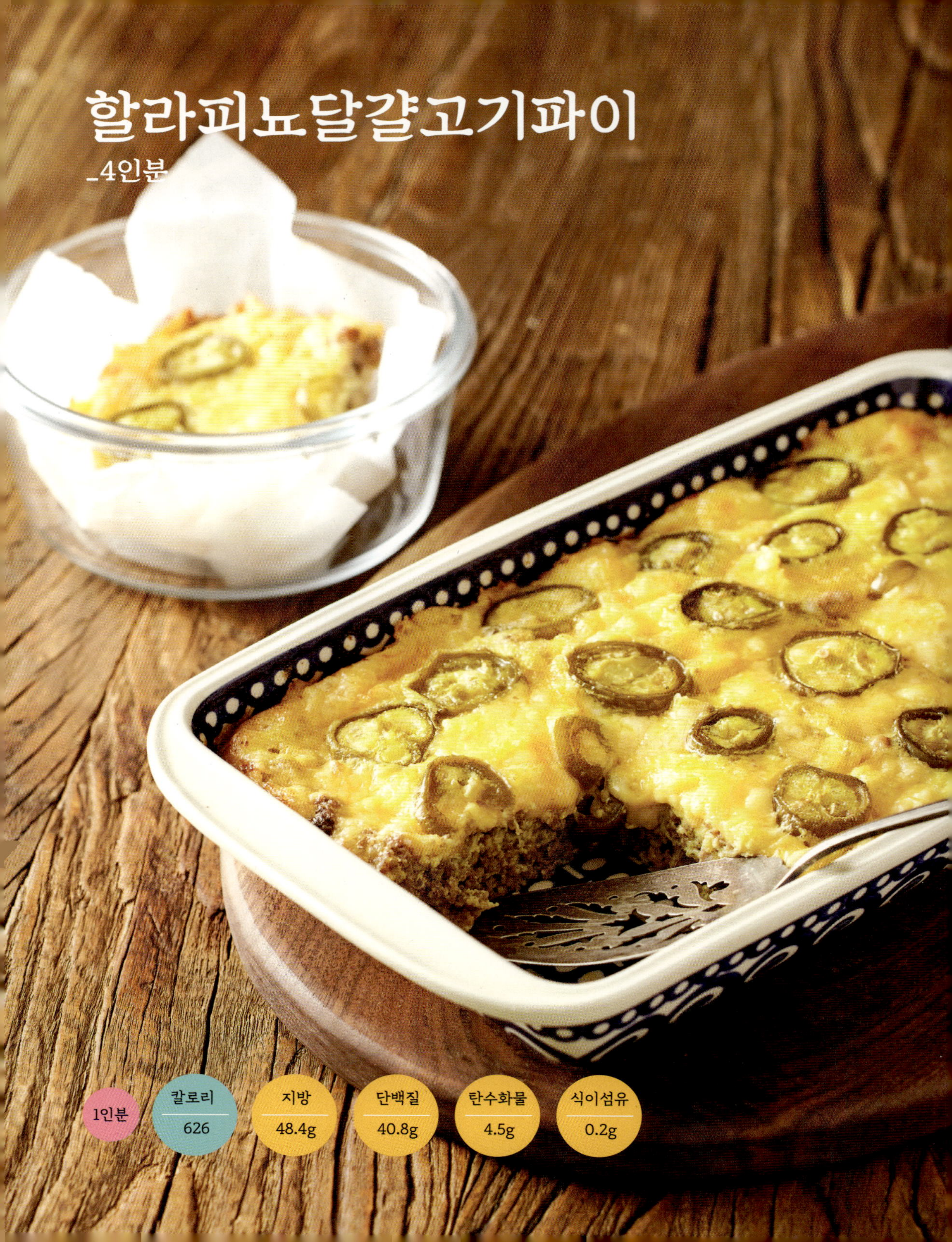

1인분	칼로리	지방	단백질	탄수화물	식이섬유
	626	48.4g	40.8g	4.5g	0.2g

주말에 만들어 냉동 보관해요

■ 다큐멘터리 〈지방의 누명〉에서 일본의 와타나베 박사가 M.E.C(Meat, Egg, Cheese)를 주식으로 먹으라고 이야기 하며 일본 당뇨환자 부부가 M.E.C 파이를 만들어 먹는 장면이 소개되었지요. 고기, 달걀, 치즈만 구워도 맛있지만 약간의 양념과 할라피뇨를 더하면 훨씬 맛있는 색다른 요리가 돼요.

재료

다진 돼지고기 200g
다진 소고기 300g
달걀 7개
생크림 100ml
다진 양파 50g
라드 1큰술
슈레드 체더치즈 120g
할라피뇨 피클 슬라이스 50g
칠리파우더 2작은술
소금, 후추 약간

만들기

1. 팬에 라드를 녹이고 양파를 볶다가 양파가 반투명하게 익으면 다진 돼지고기, 다진 소고기, 칠리파우더, 소금 1/2작은술을 넣고 볶는다.
2. 고기가 익으면 오븐용기에 옮겨 담는다.
3. 달걀에 생크림을 넣고 소금으로 간을 해 잘 풀어준 후 2에 고루 붓고 체더치즈를 골고루 뿌린다.
4. 치즈 위에 할리피뇨 피클 슬라이스를 얹은 후 190℃로 예열된 오븐에 25분 굽는다.

> **팁**
> 할라피뇨 피클은 설탕이 들어있는 제품인지 확인 후 구입하세요.

> **팁**
> 2번 과정에서 오븐용기는 15.7cm×27.5cm를 사용했어요.. 1번 과정 중 볶으면서 나온 육즙과 기름 모두 오븐용기에 옮겨 담아요.

> **팁**
> 칠리파우더는 파프리카, 커민, 양파, 마늘 등 칠리를 만들기 위한 스파이스 들을 혼합한 양념이에요.

포인트

할라피뇨달걀고기파이가 완전히 식은 후 잘라 랩으로 싸서 냉동 보관해 두세요. 도시락을 쌀 땐 랩을 풀어 얼어있는 상태로 내열용기에 담아가서 전자레인지에 데워 먹으면 됩니다. 넉넉히 만들어 냉동해두고 먹을 수 있어서 도시락 메뉴로 아주 좋아요.

베이컨에그머핀
_6개

1개당	칼로리	지방	단백질	탄수화물	식이섬유
	191	14.6g	13.7g	0.7g	0g

주말에 만들어요   냉장 보관해요

프랑스의 유명한 파티셰의 이름을 딴 어느 빵집에서 바닥에 식빵 조각을 깔고 만든 이 메뉴를 처음 봤어요. 빵 대신 치즈를 깔아 키토식으로 응용했어요. 바닥이 치즈이기 때문에 뜨거울 때보다 한 김 식은 다음에 먹기를 권해요.

재료

달걀 6개
슈레드 체더치즈 120g
베이컨 6줄(180g)
파슬리 약간
후추 약간

만들기

1. 머핀팬에 유산지를 깔고 치즈를 20g씩 나누어 담는다.
2. 베이컨을 한 줄씩 머핀팬 내부에 둘러준다.
3. 베이컨 가운데에 달걀을 하나씩 깨 넣고 파슬리와 후추를 뿌린 후 190℃ 예열된 오븐에 25분 굽는다.

포인트

1. 밀폐용기에 담아 냉장 보관하면 일주일은 먹을 수 있으니 미리 넉넉하게 만들어 두면 좋아요.
2. 차가워도 맛있어서 데워 먹기 어려운 곳에도 가져갈 수 있는 든든한 도시락이에요.

로티세리치킨프리타타
_2인분

| 1인분 | 칼로리 555 | 지방 42.3g | 단백질 36g | 탄수화물 6.1g | 식이섬유 0.8g |

주말에 만들어요 월 화

■ 프리타타는 먹다 남은 고기나 채소를 넣어도 되고 다진 고기나 소시지, 냉장고에 있는 채소를 볶다가 달걀물을 부어 구워도 좋아요. 애매하게 남은 토마토소스나 페스토 같은 소스를 추가해도 맛있어요. 다양한 재료로 프리타타를 만들어 보세요.

재료

로티세리치킨[팁] 150g
표고버섯 1~2개
양파 50g
달걀 3개
생크림 3큰술
슈레드 체더치즈 50g
홀그레인 머스터드 2작은술
버터 20g
말린 파슬리 약간
소금, 후추 약간

만들기

1. 로티세리치킨살은 깍둑썰고 표고와 양파는 채 썬다.
2. 달걀에 생크림, 슈레드 체더치즈, 홀그레인 머스터드를 넣고 소금과 후추로 간하여 잘 섞어둔다.
3. 지름 20cm 무쇠팬에 버터를 녹이고 표고와 양파를 볶다가 양파가 반투명하게 익으면 로티세리치킨살을 넣고 볶는다.
4. 3의 재료가 모두 뜨거워지면 2의 달걀물을 고루 붓고 파슬리를 뿌린 후 200℃ 예열된 오븐에 팬째 넣어 15분 굽는다.

팁
로티세리치킨은 살만 발라서 150g이에요.

팁
3번 과정에서 무쇠팬이 없다면 일반 팬을 사용해도 괜찮아요. 4번 과정에서 일반팬을 사용할 경우 뚜껑을 덮어 약불에 10분 정도 익혀요.

포인트

슈레드 체더치즈 대신 체더를 메인으로 서너 가지 섞어놓은 슈레드 치즈를 사용해도 좋아요. 대형 마트에서 판매해요.

90초빵달걀샐러드샌드위치
_1인분

| 1인분 | 칼로리 709 | 지방 65.3g | 단백질 24.5g | 탄수화물 8g | 식이섬유 2.2g |

90초빵과 달걀샐러드를 주말에 만들어요

촉촉하고 고소한 달걀 샐러드가 듬뿍 들어간 추억의 맛, 달걀 샌드위치를 좋아하지 않는 사람은 드물죠. 달걀 샐러드를 만들 때 소금에 절인 오이를 꼭 짜서 넣으면 아작거리는 식감도 좋고 맛도 어울리니 오이를 넣어 만들어보세요.

재료
- 90초빵 1개
- 삶은 달걀 2개(완숙)
- 오이 30g
- 90초빵 크기의 양상추 3~4장
- 마요네즈 1.5큰술
- 옐로우 머스터드 1/4작은술
- 실온에 꺼내둔 크림치즈 30g
- 에리스리톨 약간(선택)
- 소금, 후추 약간

90초빵 재료
- 녹인버터 20g
- 아몬드가루 20g
- 달걀 1개
- 알루미늄 프리 베이킹파우더 1/2작은술

만들기

1. 오이는 얇게 슬라이스해 소금을 뿌려 버무린 후 10~20분 후 물에 가볍게 헹궈 물기를 꼭 짠다.
2. 달걀은 칼^팁로 대충 다진 후 1의 오이를 넣고 마요네즈, 옐로우 머스터드, 에리스리톨 약간(선택), 소금, 후추를 넣어 달걀 샐러드를 만든다.
3. 90초빵을 반 갈라 크림치즈를 각각 바른 후 양상추와 2의 달걀 샐러드를 넣어 샌드위치를 만든다.
4. 랩이나 코팅된 식품용 노루지로 샌드위치를 감싸 고정시킨다.

● 90초빵 만들기

1. 식빵 크기 정도의 내열용기에 90초빵 재료를 모두 담고 스푼으로 고루 섞은 후 전자레인지에 90초 돌린다.
2. 식힌 후 용기에서 꺼낸다.

> **팁**
> 2번 과정에서 삶은 달걀을 칼로 다져도 되지만 달걀 커터로 자른 후 포크나 스푼으로 으깨면 더욱 편해요.

> **팁**
> 3번 과정에서 양상추 대신 일반 상추를 사용해도 좋아요.

포인트
1. 빵이 완전히 식은 후 반으로 잘라야 말끔하게 잘라져요.
2. 빵에 크림치즈를 바르면 달걀 샐러드의 수분으로 빵이 축축해지는 것을 막을 수 있어요.

삶은달걀카나페
_1인분

| 1인분 | 칼로리 345 | 지방 27.6g | 단백질 20.5g | 탄수화물 2.4g | 식이섬유 0.2g |

삶은 달걀만 있으면 돼요 목 금

 조리할 시간도 부족하고 재료도 마땅치 않을 때 냉장고에 있을 만한 재료로 간편하게 준비할 수 있는 도시락이에요. 삶은 달걀만 먹는 것보다 훨씬 맛있어요.

재료

달걀 3개
오이 얇게 자른 것 6조각
마요네즈 1큰술
안초비필렛 2줄
올리브 자른 것 6조각
후추

만들기

1. 냄비 바닥에 물을 1cm 높이로 담아 불에 올린다.
2. 1의 물이 끓으면 달걀을 국자에 올려 조심스럽게 끓는 물에 옮겨 담는다.
3. 냄비의 뚜껑을 닫고 중불에서 9분간 달걀을 익힌 후 바로 찬물에 담가 껍질을 벗긴다.
4. 달걀을 반으로 잘라 각각 오이 조각을 하나씩 올리고 마요네즈를 조금씩 올린 후 안초비를 작게 잘라 얹고 올리브 조각을 올린다.
5. 후추를 갈아준 후 먹는다.

> **팁**
> 2번 과정에서 달걀의 바닥만 물에 잠기는 상태예요.

포인트

딜피클, 차가운 버터 조각, 햄, 할라피뇨 피클, 치즈, 머스터드, 훈제연어 등 냉장고에 있는 재료를 적극 이용해 다양한 카나페를 만들어 보세요.

볼로네제아보카도 버터달걀스크램블
_1인분

| 1인분 | 칼로리 801 | 지방 71g | 단백질 24.3g | 탄수화물 17.2g | 식이섬유 7.8g |

주말에 볼로네제소스를 만들어 냉동 보관해요 목 금

키토식 초반에 식단 일지에 볼로네제소스 레시피를 공개했을 때 호응도가 높았어요. 버터와 생크림을 넣어 부드럽게 만든 달걀 스크램블과 숙성이 잘된 아보카도에 볼로네제소스를 듬뿍 얹어 먹으면 정말 맛있고 든든하답니다.

재료

볼로네제소스 100g
아보카도 1/2개
달걀 2개
생크림 2큰술
버터 20g
소금, 후추

볼로네제소스(6~8인분)

다진 돼지고기 200g
다진 소고기 200g
캔토마토 600g
양파 100g
셀러리 40g
아보카도오일 2큰술
생크림 1/3컵*
버터 40g
레드와인 1/3컵*
월계수잎 2장
오레가노 1/4작은술
소금, 후추

*1컵은 240ml 기준입니다.

💬 홀토마토, 깍둑썬 토마토 다 가능해요.
홀토마토는 나무주걱으로 으깨며 익혀주세요.
레드와인은 단맛이 없는 와인으로 준비해 주세요.
팁

만들기

1. 달걀을 풀어 생크림을 넣고 소금과 후추로 간하여 포크로 휘저어 고루 섞는다.
2. 팬에 버터를 녹인 후 1의 달걀물을 넣는다.
3. 약불에서 스패튤러로 가끔씩 저어주며 천천히 달걀을 익힌다. 달걀이 90% 정도 익었을 때 불에서 내린다.
4. 아보카도를 큼직하게 깍둑썰어 용기에 담고 볼로네제소스를 끼얹은 후 3의 달걀 스크램블을 곁들인다.

🔸 볼로네제소스 만들기

1. 양파와 셀러리는 잘게 자른다.
2. 냄비에 아보카도오일을 두르고 양파와 셀러리를 볶다가 양파가 반투명하게 익으면 다진 고기를 넣고 소금과 후추로 간하면서 볶는다.
3. 고기가 고슬고슬하게 익으면 레드와인과 캔토마토, 생크림을 넣은 후 오레가노와 월계수잎을 넣어 끓인다.
4. 약불에서 한 시간 정도 가끔씩 저어주며 충분히 끓인다. 수분이 졸아들고 자박해지면 버터를 넣어 녹인 후 소금과 후추로 간한다.

💬 아보카도오일 대신 라드나 올리브오일을 사용해도 좋아요.
팁

포인트

1. 고기 건더기가 가득한 볼로네제소스는 그 자체만으로도 든든해요. 한 번에 많이 만들어 소분해 얼려두면 유용한 소스예요.
2. 볼로네제소스만 100g당 칼로리 250, 지방 19.5, 단백질 10.5, 탄수화물 5.6, 식이섬유 1.1g이에요.

반숙달걀절임
_4개

| 2개 | 칼로리 244 | 지방 19.7g | 단백질 12.9g | 탄수화물 2.7g | 식이섬유 0.4g |

주말에 만들어요 월 화

■ 마약달걀이라고도 하는 반숙달걀절임이에요. 소셜네트워크서비스에서 한동안 유행했는데 저탄고지에 맞게 만들어봤어요.

재료
달걀 4개
양파 20g
청양고추 반 개
홍고추 반 개
통깨 1작은술
먹을 때 생들기름 4작은술

절임용 양념
생수 3큰술
리퀴드 아미노스 2큰술
에리스리톨 1큰술
애플사이더식초 1/2작은술

만들기
1. 냄비 바닥에 물을 1cm 높이로 담아 불에 올린다.
2. 1의 물이 끓으면 달걀을 국자에 올려 조심스럽게 끓는물에 옮겨 담는다.
3. 냄비의 뚜껑을 닫고 중불로 낮춰 6분 30초간 달걀을 익힌 후 바로 찬물에 담가 껍질을 벗긴다.
4. 분량의 재료를 섞어 절임용 양념을 만든다.
5. 양파와 청양고추, 홍고추는 모두 잘게 잘라 통깨와 함께 4의 절임용 양념에 넣어 섞는다.
6. 껍질을 벗긴 달걀을 지퍼팩에 넣고 5의 양념을 부어 공기를 뺀 후 지퍼팩을 잠근다.
7. 냉장고에 하룻밤 둔 후 먹을 때 생들기름을 끼얹어 먹는다.

> **팁**
> 2번 과정에서 달걀의 바닥만 물에 잠긴 상태가 돼요.

> **팁**
> 7번 과정에서 중간에 한 번씩 지퍼팩을 뒤집어줘요.

포인트
1. 냉장고에서 바로 꺼낸 달걀을 끓는 물에 담글 때 작은 충격에도 깨질 수 있으니 국자를 이용해 조심스럽게 넣어요.
2. 지퍼팩에 담아 공기를 뺀 후 달걀을 절이면 적은 양의 양념으로도 절일 수 있어요.
3. 하룻밤 지난 후 다 먹지 못할 경우 간이 세지기 때문에 생수를 1~2큰술 더 넣으면 돼요.
4. 반숙란이니 오래 두지 않고 먹는 게 좋아요.

달걀반쎄오
_1인분

| 1인분 | 칼로리 608 | 지방 43.9g | 단백질 43g | 탄수화물 7.5g | 식이섬유 2.4g |

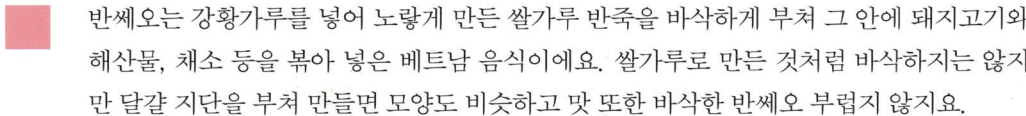

주말에 만들어요 월

반쎄오는 강황가루를 넣어 노랗게 만든 쌀가루 반죽을 바삭하게 부쳐 그 안에 돼지고기와 해산물, 채소 등을 볶아 넣은 베트남 음식이에요. 쌀가루로 만든 것처럼 바삭하지는 않지만 달걀 지단을 부쳐 만들면 모양도 비슷하고 맛 또한 바삭한 반쎄오 부럽지 않지요.

재료

구이용 삼겹살 100g
새우살 50g
숙주 100g
대파 60g
달걀 2개
라드 1/2큰술
액젓 1/2작은술
소금, 후추

> **팁**
> 액젓 구입 시 포도당 등의 당류가 들어 있는지 확인하세요.

만들기

1. 삼겹살은 0.5~1cm 너비로 잘라두고 새우살은 1.5cm 크기로 잘라둔다. 대파는 송송 썰고 달걀은 소금으로 간한 후 고루 저어 풀어준다.
2. 팬에 삼겹살, 대파, 라드를 넣고 중불에 충분히 볶으면서 소금과 후추로 간한다.
3. 2의 삼겹살과 대파가 드문드문 노르스름해지면 새우살을 넣고 함께 볶는다.
4. 새우살이 분홍색으로 익으면 불을 최대한 키우고 숙주를 넣어 볶는다.
5. 숙주가 전체적으로 뜨거워지면 액젓을 넣고 고루 볶아 접시에 덜어낸다. 이때 고기, 새우, 대파 등 일부는 팬에 조금씩 남겨도 좋다.
6. 숙주와 재료를 볶아낸 팬에 지단을 부치듯 달걀을 넓게 부어 익힌다.
7. 달걀이 익어 윗면이 흐르지 않고 고정될 정도가 되면 5의 볶아둔 재료를 달걀의 절반 부분에 올린 후 달걀의 나머지 부분을 접어 덮는다.

> **팁**
> 5의 과정에서 간을 보고 싱거우면 소금으로 간을 해주세요.

포인트

1. 4번 과정에서 숙주를 볶을 때 불을 최대 크게 키워 강불에 볶아야 수분이 나와 질척해지지 않아요.
2. 기호에 따라 스리라차를 곁들여 매콤하게 먹어도 맛있어요.

버섯햄파이
_4인분

1인분	칼로리	지방	단백질	탄수화물	식이섬유
	384	29.3g	21.2g	8.1g	0.9g

주말에 만들어 냉장이나 냉동 보관해요　

 샌드위치용 슬라이스햄을 파이지 대신 깔고 달걀물을 부어 만들어 예쁘기도 하고 맛도 풍성한 식사용 버섯파이예요. 넉넉히 만들어 랩으로 잘 싼 후 냉동 보관해도 좋아요. 간단한 잎채소 샐러드를 곁들여 한 끼로 먹어도 좋고, 레시피에 제시된 양보다 더 먹어도 좋아요.

재료

표고버섯 100g(6~7개)
양파 50g
기버터 1큰술
샌드위치용 슬라이스햄 180g
홀그레인 머스터드 1큰술
파르메산 치즈 10g
파슬리 약간
소금

달걀필링

달걀 4개
생크림 4큰술
슈레드 체더치즈 100g
소금, 후추

팁
표고는 기둥을 떼어내고 6~7개 정도의 양이에요.

만들기

1. 표고버섯과 양파는 채 썬 후 소금으로 밑간을 하며 기버터를 녹인 팬에서 강불로 볶아준다. 양파가 반투명하게 익고 표고의 숨이 죽으면 불을 끈다.
2. 달걀필링용 재료를 포크로 잘 섞어둔다.
3. 내열용기의 바닥과 옆면을 슬라이스햄으로 약간씩 겹쳐 빈틈이 없도록 깔아준다.
4. 달걀필링이 담길 햄의 바닥면에 홀그레인 머스터드를 고루 바른 뒤 2의 달걀필링을 붓고 1의 볶아둔 버섯과 양파를 고루 얹는다.
5. 파르메산 치즈를 버섯 볶음 위에 갈아서 고루 뿌리고 파슬리를 약간 뿌린 후 210℃로 예열된 오븐에 20분 굽는다.

팁
3번 과정에서 내열용기는 20cm×20cm×4cm 사이즈를 사용했으니 밑면 넓이가 비슷한 용기를 사용하면 돼요.

포인트

1. 달걀필링에 치즈가 많이 들어가기 때문에 식은 다음에 잘라야 예쁘게 잘라져요.
2. 포로슈토 같은 생햄이 있다면 샌드위치햄 대신 사용해도 좋아요.

키토식을 위하여_
샐러드와 드레싱 이야기

도시락을 싸다 보면 하루쯤
상큼하고 신선한 샐러드 생각이 날 때가 있어요.
드레싱과 버무려 도시락으로 싸기에 적합한 샐러드도 있고
보틀에 담아 먹을 때 섞어먹는 샐러드도 있어요.
보틀샐러드는 보기에도 예쁘고 용기 하나에
재료와 드레싱을 한꺼번에 차곡차곡 담아갈 수 있어요.
보틀샐러드를 담는 요령은 23페이지를 참고하세요.

시판용 드레싱에는 당과 첨가물이 들어 있으니
레시피에 맞게 만들어 보세요.

미얀마식 치킨샐러드
_3인분

| 1인분 | 칼로리 577 | 지방 47g | 단백질 28.3g | 탄수화물 10.8g | 식이섬유 2.1g |

주말에 만들어요

■ 싱가폴에 사는 후배가 미얀마 출신의 음식 솜씨 좋은 분에게 배워 알려준 요리예요. 조리된 치킨의 살을 넣은 샐러드라 먹고 남은 치킨이 있을 때 만들면 좋아요. 저는 담백하고도 향긋한 이 샐러드를 만들기 위해 일부러 로티세리치킨을 구입하기도 해요.

재료

로티세리치킨^팁 1/2마리 분량
아보카도오일 100g
양파(튀김용) 150g
셀러리 100g
양파(샐러드용) 100g
방울토마토 6개
레몬즙 4큰술
커리파우더 1/2작은술
소금 약간
잘게 썬 고수(선택)

만들기

1. 튀김용 양파는 고른 두께로 얇게 채 썰어 냄비에 담고 아보카도오일을 부어 불에 올린다. 기름이 지글거리면 약불로 줄여 양파가 살짝 갈색이 될 때까지 튀긴다.
2. 튀긴 양파^팁는 체에 밭쳐 식히고 양파를 튀긴 오일은 한김 식혀 레몬즙과 커리파우더를 섞어 드레싱을 만든다.
3. 셀러리는 어슷썰고, 양파는 채 썰고, 방울토마토는 반 갈라놓는다.
4. 살만 발라둔 로티세리치킨에 2의 드레싱을 넣고 3의 셀러리, 양파, 방울토마토를 넣어 고루 섞는다. 부족한 간은 소금으로 한다.
5. 2의 튀긴 양파와 고수(선택)를 뿌려 섞는다.

팁
로티세리치킨은 살만 발라서 사용해요.
코스트코의 로티세리치킨은 사이즈가 커서 1/2마리 분량의 살을 바르면 600g 정도 돼요.

팁
2, 3번 과정에서 양파는 샐러드용과 튀김용으로 나누어 사용해요.
튀긴 양파는 식으면서 더욱 바삭해져요

포인트

양파를 튀겨 향긋한 냄새가 밴 아보카도오일을 듬뿍 넣어 만든 샐러드예요. 양파를 튀기는 일이 조금 번거롭지만 바삭하게 튀겨진 양파와 양파향 오일이 포인트가 되지요.

피칸치킨샐러드
_2인분

1인분	칼로리	지방	단백질	탄수화물	식이섬유
	390	28.8g	27.5g	5.9g	2.7g

주말에 만들어요 월

산뜻한 드레싱으로 버무려 여름에 시원하게 먹으면 더욱 맛있는 샐러드예요. 살짝 부족한 양을 1인분으로 잡았으니 아보카도나 삶은 달걀을 곁들여 먹으면 적당한 한 끼가 될 거예요. 2인분에 해당하는 양을 넉넉한 1인분으로 먹어도 좋아요.

재료

닭가슴살 200g
베이컨 2줄(60g)
셀러리 60g
방울토마토 8개(100g)
피칸 30g
셀러리잎 약간
소금

드레싱

올리브오일 3큰술
다진 양파 1큰술
잘게 썬 생바질 1큰술
애플사이더식초 2작은술
홀그레인 머스터드 1작은술
소금 1/8작은술
후추 약간

만들기

1. 냄비에 닭가슴살과 셀러리잎을 넣고 닭가슴살이 충분히 잠길 만큼 찬물을 부은 후 소금을 약간 넣어 중불에 올린다.
2. 1의 물이 끓기 시작하면 불을 끄고 뚜껑을 덮어 10분간 닭가슴살을 익힌다.
3. 2의 닭가슴살을 꺼내 식으면 1.5cm 크기로 깍둑썬다. 셀러리는 잘게 잘라두고 방울토마토는 반으로 갈라둔다.
4. 베이컨은 바삭하게 구워서 잘게 잘라둔다.
5. 드레싱 재료를 섞어둔다.
6. 볼에 닭가슴살, 셀러리, 방울토마토, 피칸, 베이컨을 담고 5의 드레싱을 고루 섞어 넣은 후 버무려 냉장고에 차게 두었다가 먹는다.

포인트

1, 2의 방법으로 닭가슴살을 익히면 퍽퍽하지 않아요.

버섯치즈샐러드
-1인분

| 1인분 | 칼로리 500 | 지방 39.7g | 단백질 18.1g | 탄수화물 19.3g | 식이섬유 6.3g |

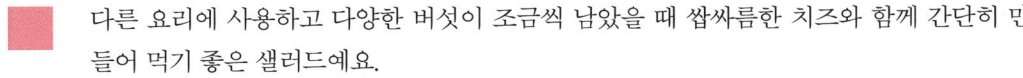

다른 요리에 사용하고 다양한 버섯이 조금씩 남았을 때 쌉싸름한 치즈와 함께 간단히 만들어 먹기 좋은 샐러드예요.

재료
새송이 1개(100g)
생표고 2개
팽이버섯 한 봉지
고다치즈 슬라이스 40g
양파 20g
소금 약간

드레싱
올리브오일 2큰술
홀그레인 머스터드 2작은술
애플사이더식초 2작은술
화이트발사믹식초 1/2작은술
말린 파슬리 1/2작은술
소금 약간

> 화이트발사믹식초 대신 일반 발사믹식초를 사용해도 괜찮아요.
>
> 팁

만들기
1. 새송이는 반 잘라 길이로 반을 가른 후 얇게 썬다. 표고는 기둥을 떼어내고 얇게 썰고 팽이버섯은 둥치 부분을 잘라낸다. 양파는 얇게 채 썰고 치즈는 0.5cm 너비로 잘라둔다.
2. 끓는 소금물에 손질한 버섯을 모두 넣어 1분간 데친 후 찬물에 헹궈 물기를 짜둔다.
3. 볼에 드레싱 재료를 섞은 후 채 썬 양파와 데친 버섯을 넣고 젓가락으로 고루 버무리다가 잘라둔 치즈를 넣어 살살 섞는다.

포인트
1인분 식사로 든든한 양이고 구운 고기 등 단백질 메인 요리에 곁들여 먹을 경우 2~3인분 양이 돼요.

해물샐러드
_2인분

| 1인분 | 칼로리 555 | 지방 41.1g | 단백질 34.2g | 탄수화물 11.7g | 식이섬유 2.7g |

주말에 만들어요 월 화

 냉장고에서 꺼내 시원하게 먹으면 정말 맛있는 샐러드로 입맛 잃은 여름철에 어울리는 도시락 메뉴예요.

재료
껍질 벗긴 중하 16마리(200g)
오징어 작은 것 1마리
셀러리 100g
양파 30g
방울토마토 8개
올리브 큰 것 12알

드레싱
올리브오일 5큰술
화이트와인식초 4큰술
화이트발사믹식초 1큰술
말린 파슬리 2작은술
소금 1/4작은술
후추 1/8작은술

만들기
1. 오징어 몸통은 반으로 갈라 내장을 제거하고 깨끗이 씻어둔다.
2. 양파는 잘게 썰고, 셀러리는 어슷썰고, 방울토마토는 반 갈라 둔다.
3. 볼에 드레싱 재료를 모두 섞은 후 2의 양파, 셀러리, 방울토마토를 넣는다.
4. 끓는물에 소금을 약간 넣고 새우살과 오징어를 각각 데친 후 찬물에 헹궈 식힌다.
5. 오징어 몸통은 길이로 반 갈라 0.5~1cm 너비로 썰고 다리는 하나씩 잘라둔다.
6. 새우, 오징어, 올리브를 3에 넣고 고루 섞어 냉장고에 30분 이상 둔 다음 차게 먹는다.

> 팁
> 화이트발사믹식초가 없다면 일반 발사믹식초를 사용해도 괜찮아요.

> 팁
> 1번 과정에서 여유가 있다면 오징어를 데치기 전 몸통 안쪽에 촘촘하게 칼집을 내보세요. 데쳤을 때 모양도 예쁘고 칼집 사이로 양념도 잘 배어들어요.

포인트

올리브오일을 듬뿍 넣은 새콤한 드레싱에 채소와 해물맛이 어울어져 생긴 국물이 맛있으니 듬뿍 끼얹어 드세요.

새우아보카도보틀샐러드
_1인분

| 1인분 | 칼로리 655 | 지방 53.6g | 단백질 28.8g | 탄수화물 19.4g | 식이섬유 10.1g |

상큼한 도시락이 필요해요

요거트드레싱과 아보카도, 새우, 피칸, 잎채소 들을 넣은 샐러드예요. 잎채소는 드레싱에 짓무를 수 있으니 제일 마지막 단계에 담아서 가져가세요. 보틀샐러드를 담는 요령은 23페이지를 참고하세요.

재료

껍질 벗긴 중하 8마리(100g)
아보카도 과육^팁 100g
당근 30g
피칸 20g
양상추 60g
버터 10g
아보카도오일 1/2큰술
다진 마늘 1/2작은술
액젓 1/8작은술
요거트드레싱 1인분(60g)

요거트드레싱(2인분)

단맛 없는 그릭요거트^팁 6큰술
마요네즈 1큰술
화이트와인식초 1큰술
에리스리톨 1작은술
파피씨드 1/2작은술(선택)
소금 1/4작은술

만들기

1. 당근은 치즈 그레이터의 가장 큰 구멍을 이용해 자르거나 채 썬다. 양상추는 씻어서 물기를 뺀 후 한입 크기로 잘라둔다.
2. 팬에 버터와 아보카도오일을 넣고 새우와 다진마늘을 넣어 새우가 앞뒤로 완전히 익도록 굽는다. 새우가 익으면 액젓을 넣고 고루 섞은 후 불에서 내려 식힌다.
3. 높이가 있는 보틀형 용기에 요거트드레싱을 담고 아보카도, 구운 새우, 당근, 피칸, 양상추 순으로 담는다.
4. 먹기 전에 그릇에 확 쏟아 부어 드레싱과 섞어 먹는다.

● 요거트드레싱 만들기

1. 모든 재료를 볼에 담고 거품기로 고루 저어 섞는다.

팁
아보카도 작은 사이즈 1개 분량이에요.
그릭요거트가 없다면 플레인요거트도 좋아요.

포인트
파피씨드(poppy seed)는 양귀비씨앗인데 특별한 향이 있는 재료는 아니니 생략해도 괜찮아요. 단, 드레싱이 너무 심심해 보이면 말린 파슬리로 대체할 수 있어요.

치킨시저보틀샐러드
_1인분

1인분	칼로리	지방	단백질	탄수화물	식이섬유
	569	42g	39.9g	8.9g	4.2g

상큼한 도시락이 필요해요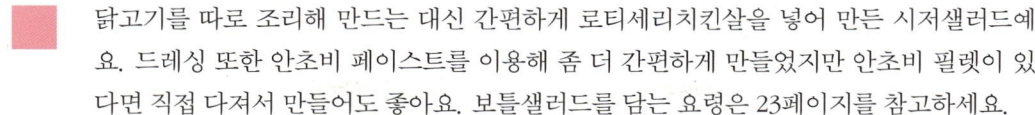

닭고기를 따로 조리해 만드는 대신 간편하게 로티세리치킨살을 넣어 만든 시저샐러드예요. 드레싱 또한 안초비 페이스트를 이용해 좀 더 간편하게 만들었지만 안초비 필렛이 있다면 직접 다져서 만들어도 좋아요. 보틀샐러드를 담는 요령은 23페이지를 참고하세요.

재료
로티세리치킨살^팁 100g
껍질 깐 삶은 메추리알 8개
방울토마토 6개
로메인 80g
피칸 10g
시저드레싱 1인분(35g)

시저드레싱^팁(3인분)
달걀 노른자 1개
안초비 페이스트 10g
레몬즙 1.5큰술
다진마늘 1/4작은술
올리브오일 50g
파르메산 치즈 간 것 10g
소금, 후추

로티세리치킨은 살만 발라서 사용해요.

시저드레싱은 밀봉하여 냉장 보관하면 5일 정도 괜찮아요.

만들기
1. 로메인은 씻어서 한입 크기 정도로 자른 후 샐러드 스피너에 돌려 물기를 제거한다.
2. 로티세리치킨살은 쪽쪽 찢어 팬에 살짝 볶아준다.
3. 높이가 있는 보틀형 용기에 시저드레싱을 넣고 메추리알, 방울토마토, 치킨살, 피칸, 로메인 순으로 담는다.
4. 먹기 전에 그릇에 확 쏟아 부어 드레싱과 섞어 먹는다.

시저드레싱 만들기
1. 달걀 노른자, 안초비 페이스트, 레몬즙을 볼에 담고 거품기로 저어 고루 섞는다.
2. 1에 올리브오일을 조금씩 흘려 넣으며 계속 거품기로 저어준다.
3. 2에 농도가 생기면 갈아놓은 파르메산을 넣고 잘 섞은 후 부족한 간은 소금과 후추로 맞춘다.

포인트
1. 샐러드는 열을 가해 먹는 요리가 아니므로 냉동 로티세리치킨살을 사용할 경우 팬에 한 번 볶아서 사용하세요. 해동 과정에서 미생물이 번식할 수 있기 때문이에요.
2. 로티세리치킨살 대신 익혀서 나온 다른 제품으로 만들어도 되고 닭가슴살이나 닭허벅지살을 구워서 넣어도 좋아요. 닭고기를 직접 구워서 만들 때는 소금과 후추로 충분히 간을 해서 익힌 후 잘라 넣어주세요.

니스와즈보틀샐러드
_1인분

| 1인분 | 칼로리 522 | 지방 40.8g | 단백질 31.5g | 탄수화물 10.3g | 식이섬유 3.8g |

상큼한 도시락이 필요해요

지중해에 맞닿아 있는 프랑스 니스의 샐러드는 여름이면 꼭 생각이 나는 샐러드예요. 편의상 캔참치를 많이 사용하지만 구운 참치나 안초비를 올리기도 해요. 니스와즈 샐러드에 흔히 들어가는 감자는 넣지 않지만 단백질 재료가 많아 꽤 든든한 샐러드예요. 보틀샐러드를 담는 요령은 23페이지를 참고하세요.

재료

캔참치 1개(135g)
치커리 30g
오이 50g
껍질 깐 삶은 메추리알 8개
방울토마토 6개
올리브 8알
양파발사믹드레싱 1인분(35g)

양파발사믹드레싱(2인분)

올리브오일 3큰술
발사믹식초 1큰술
와인식초* 1/2큰술
홀그레인 머스터드 1작은술
다진 양파 1큰술
소금 1/4작은술
후추 1/8작은술

만들기

1. 치커리는 씻어서 물기를 제거한 후 한입 크기로 찢고, 오이는 동그란 모양을 살려 얇게 잘라둔다. 캔참치는 숟가락으로 꾹꾹 눌러 기름과 국물을 제거한다.
2. 높이가 있는 보틀형 용기에 양파발사믹드레싱을 넣은 후 메추리알, 올리브, 방울토마토, 참치, 오이, 치커리 순으로 담는다.
3. 먹기 전에 그릇에 확 쏟아 부어 드레싱과 섞어 먹는다.

◎ 양파발사믹드레싱 만들기

1. 모든 재료를 고루 섞는다.

와인식초는 화이트나 레드 어떤 것을 사용해도 괜찮아요.

포인트

니스와즈(Nicoise) 샐러드는 오일 베이스의 산뜻한 드레싱을 곁들여 먹기 때문에 여름철에 잘 어울려요. 니스와즈 샐러드에 꼭 들어가는 삶은 달걀 대신 메추리알을 사용했는데 삶은 달걀을 잘라 넣어도 좋아요. 참치 대신 정어리 통조림을 이용해도 맛있어요.

빅맥샐러드
_1인분

| 1인분 | 칼로리 583 | 지방 46g | 단백질 36.1g | 탄수화물 5.5g | 식이섬유 1.5g |

주말에 미리 드레싱을 만들어요

햄버거의 속 재료들을 해체해 샐러드로 만들어봤어요. 빅맥 버거의 재료를 조합하여 만들고 드레싱도 빅맥 버거에 들어가는 소스와 비슷하게 만들었으니 빅맥 해체 샐러드라 불러 볼까요? 만들어 보면 맛도 있고 재미도 있어요.

재료

다진 소고기 150g
양상추 60g
방울토마토 4~5개
체더치즈 20g
라드 1/2큰술
빅맥소스 1인분(45g)
소금, 후추

빅맥소스(2인분)

마요네즈 3큰술
다진 딜오이피클 1큰술
다진 양파 1큰술
무설탕 케첩 1작은술
올리브오일 1작은술
애플사이더식초 1작은술
에리스리톨 1/2작은술
옐로우 머스터드 1/4작은술
파프리카가루 1/8작은술
후추 약간

만들기

1. 빅맥 소스 재료를 고루 섞어둔다.
2. 팬에 라드를 녹이고 다진 소고기를 나무주걱으로 부수며 굽는다. 소금으로 간을 하고 드문드문 노릇하게 구워지도록 가끔씩 뒤집어준다. 고기가 다 익으면 불에서 내리고 후추를 뿌려둔다.
3. 양상추를 한입 크기로 자르고 방울토마토는 반 갈라두고 체더치즈는 작게 자른다.
4. 용기에 양상추를 담고 2의 구운 소고기를 한김 식혀 얹은 후 체더치즈와 방울토마토를 얹는다.
5. 빅맥소스는 용기에 따로 담아서 먹을 때 끼얹는다.

팁
2번 과정에서 소고기는 불규칙한 모양으로 덩어리지게 부숴요.

팁
딜오일피클은 소금, 식초, 딜만으로 맛을 낸 피클이에요. 설탕이 들어 있지 않다면 어떤 오이피클도 괜찮아요.

포인트

고기 패티를 만드는 대신 다진 소고기를 바로 팬에 얹어 드문드문 덩어리지게 구워 만들면 되기 때문에 만들기가 손쉽고 간편해요.

우삼겹새우구이
_2인분

1인분	칼로리	지방	단백질	탄수화물	식이섬유
	661	55.5g	35g	3.4g	0g

주말에 만들어요

■ 새우를 기름기 많은 우삼겹으로 말아 노릇하게 구우면 바삭해진 우삼겹 덕분에 새우튀김 느낌을 즐길 수 있어요. 굽자마자 따뜻할 때 먹는 게 식감도 좋고 제일 맛있지만 도시락으로 먹어도 풍성한 맛은 그대로랍니다.

재료

껍질 벗긴 중하 16마리(200g)
우삼겹 200g
라드 1/2큰술
소금, 후추
마요네즈 4큰술
스리라차 1큰술
고수 약간(선택)

만들기

1. 우삼겹 끄트머리에 새우를 한 마리 올려 꼬리를 제외한 몸통 부위를 우삼겹으로 돌돌 말아준다.
2. 새우를 우삼겹으로 다 말면 소금을 살짝 뿌려 밑간한다.
3. 팬에 라드를 녹이고 2를 굽는다.
4. 우삼겹 겉면이 노릇하게 구워지면 후추를 뿌리고 덜어낸다.
5. 마요네즈에 스리라차를 섞어 스리라차마요를 곁들인다.
6. 기호에 따라 고수잎을 잘게 잘라 뿌린다.

팁

1번 과정에서 우삼겹이 익으면서 쪼그라들기 때문에 우삼겹끼리 살짝 겹치게 해줘요.

포인트

향신 채소를 싫어한다면 고수잎은 생략해도 좋아요. 하지만 고수를 좋아한다면 고수를 다져 스리라차마요에 넣거나 우삼겹새우구이에 뿌려도 잘 어울려요.

참치양배추전
_2인분

1인분	칼로리	지방	단백질	탄수화물	식이섬유
	393	34g	16.8g	5.6g	2.1g

주말에 미리 양배추만 채 썰어요

냉장고에 있을 만한 재료들로 만든 양배추전이에요. 채 썰어둔 양배추만 있으면 빠르게 부쳐낼 수 있으니 시간이 있을 때 양배추만 곱게 썰어 세척한 후 물기를 빼서 준비해 두세요. 반죽을 미리 만들어 놓으면 수분이 생기니 반죽은 만들 때 바로 섞는 게 좋아요.

재료
양배추 150g
캔참치 1개(135g)
달걀 2개
대파 30g
라드 4큰술
소금 약간

만들기
1. 양배추는 곱게 채 썰어 물에 담가 여러 번 헹군 후 샐러드 스피너에 돌려 물기를 제거한다.
2. 참치는 스푼으로 꾹꾹 눌러 기름과 국물을 최대한 제거하고, 대파는 송송 썬다.
3. 양배추와 참치, 대파, 달걀을 볼에 담고 소금으로 간하여 고루 섞는다.
4. 팬에 라드를 녹인 후 3의 반죽을 지름 7~8cm 크기로 도톰하게 떠 중불에서 노릇하게 굽는다. 뒤집을 수 있을 정도로 익으면 반대편도 노릇하게 굽는다.

> 팁
> 1번 과정에서 양배추채칼을 이용하면 편리해요.

> 4번 과정에서 라드를 추가하면서 남은 반죽을 나누어 구워요.
> 팁

포인트
1. 양배추채를 최대한 곱게 썰어야 반죽이 흐트러지지 않고 모양을 잡기 편해요.
2. 오래 익혀야 하는 재료가 없으니 중불에서 빠르게 익혀주세요. 약불에 오래 두면 양배추에서 물이 나와 질척해져요.

참치쌈장과 로메인
_넉넉한 1인분

| 1인분 | 칼로리 319 | 지방 21.9g | 단백질 23g | 탄수화물 9.9g | 식이섬유 4g |

최소한만 움직여 도시락을 준비해요

캔참치의 기름기와 국물만 따라내는 수고만 하면 아주 간단한 도시락을 쌀 수 있어요. 도시락 싸기 아주 귀찮은 목요일 이후에 가져가기 좋아요.

재료

캔참치^팁 1개(135g)
양파 20g
청양고추 1개
생들기름 1큰술
집된장 1작은술
고춧가루 1작은술
통깨 1/2작은술
로메인^팁 120g

만들기

1. 캔참치는 스푼으로 꾹꾹 짜서 국물과 기름기를 따라낸다.
2. 양파와 청양고추는 잘게 썰어둔다.
3. 참치살을 숟가락으로 잘게 부수며 로메인을 제외한 모든 재료와 고루 섞는다.
4. 로메인에 한 스푼씩 싸서 먹는다.

팁
캔참치 대신 통조림꽁치를 사용해도 좋아요.
식감이 거의 비슷해요.

팁
로메인의 크기에 따라 조금의 차이가 있지만 10장 정도의 양이에요.

포인트

참치쌈장의 이름은 쌈장이지만 쌈 속에 넣을 재료 + 쌈장의 역할을 동시에 해요. 아삭아삭한 로메인에 참치쌈장을 듬뿍 얹어 싸먹으면 정말 든든하고 맛있어요. 로메인이 없다면 일반상추에 싸먹어도 좋아요.

삼겹살김치볶음밥
_1인분

1인분	칼로리	지방	단백질	탄수화물	식이섬유
	722	59.8g	35g	10.6g	3.7g

슬슬 귀찮아지지만 익숙하면서도 맛있는 게 필요해요

■ 삼겹살을 구운 팬에 밥을 볶아먹는 것은 한국인이라면 다 아는 맛이지요? 콜리플라워를 쌀알 크기로 잘라 사용하면 볶음밥으로 즐길 수 있어요. 콜리플라워 특유의 향이 있기 때문에 김치처럼 맛이 강한 부재료가 들어간 볶음밥일수록 더 감쪽 같아요.

재료
구이용 삼겹살 150g
완전히 익은 배추김치^팁 100g
콜리플라워 100g
달걀 1개
라드 1큰술
고춧가루 약간(선택)
소금

만들기
1. 구이용 삼겹살은 1cm 너비로 자르고 김치는 잘게 썰어둔다. 콜리플라워는 초퍼나 치즈 그레이터를 이용해 쌀알 크기로 잘라둔다.
2. 팬에 삼겹살을 굽다가 삼결살이 노릇하게 익으면 라드 1/2큰술과 김치를 넣고 함께 볶는다.
3. 김치가 볶아지면 콜리플라워를 넣고 익도록 조금 더 볶는다. 고춧가루를 약간 넣고(선택) 부족한 간은 소금으로 맞춘다.
4. 라드 1/2큰술을 녹이고 달걀 프라이를 만들어 밥 위에 올린다.

팁
김치가 익으면서 유산균이 당을 먹이로 사용하기 때문에 익을수록 탄수량이 줄어요.

포인트
1. 삼겹살 대신 베이컨을 사용해도 좋아요. 베이컨을 사용할 때는 베이컨을 100g 정도만 사용하고 콜리플라워를 150g으로 늘려주세요.
2. 차돌박이 등 소고기를 볶다가 잘게 다진 주키니, 양파, 당근 등 채소에 콜리플라워 라이스와 달걀 스크램블을 넣고 만들어도 별미예요. 소금 대신 리퀴드 아미노스로 간을 맞추고 불에서 내린 후 참기름을 약간 넣으면 중국식 볶음밥과 비슷해요.

베이컨양배추식초볶음소시지
_1인분

| 1인분 | 칼로리 366 | 지방 29.2g | 단백질 15.3g | 탄수화물 13.2g | 식이섬유 4.6g |

월 화 수 목 금

베이컨양배추식초볶음은 구운 고기나 생선 등 어떤 종류의 메인 메뉴에도 잘 어울리는 사이드 요리라 한꺼번에 2~3인분의 양을 만들어 냉장 보관해 두면 도시락 싸기에 편해요.

재료

양배추 200g
베이컨 1줄(30g)
버터 10g
리퀴드 아미노스 1작은술
식초 1작은술
소금
후추
소시지 80g

만들기

1. 양배추는 채 썰고 베이컨은 잘게 잘라둔다.
2. 웍에 베이컨을 볶다가 노릇하게 익고 기름이 나오면 불을 강불로 키우고 양배추채와 버터를 넣고 볶는다.
3. 양배추의 숨이 죽으면 한 켠으로 밀어놓고 웍의 빈 공간에 리퀴드 아미노스와 식초를 넣어 자글거리게 졸인 후 양배추와 섞고 후추를 뿌린다.
4. 소시지는 끓는 물에 데친 후 양배추 볶음에 곁들인다.

팁
이케아 비스트로 소시지를 사용했어요.
고기 함량이 96% 이상이고 그 중 약 50%는 국산 돈육을 사용하는 등 성분이 꽤 괜찮아요.

팁
3번 과정에서 부족한 간은 소금으로 맞추면 돼요.

포인트

소시지나 베이컨은 되도록 먹지 않는 게 좋지만 도시락 싸기에 유용한 재료임은 분명해요. 구입할 때는 성분표를 확인해 당분이 적게 들어간 것으로 고르고 소시지는 고기 함량이 90퍼센트 이상인 제품을 고르세요.

키토식을 위하여_
채소 이야기

저탄고지 하면 무조건 지방만 섭취해야 한다고 생각하지만
다양한 채소를 함께 먹는 것은 매우 중요해요.
주된 에너지는 지방에서 얻지만 비타민이나 미네랄 등
미량의 영양소 들은 채소를 통해 공급받을 수 있어요.
생채소를 소화시키지 못하면 볶거나 데치는 방법으로 섭취해요.

상추, 시금치, 무청, 배추 등 잎채소는 많이 먹어도 좋고,
오이, 가지, 호박, 파프리카 등 열매 채소는
포만감을 주기 때문에 골고루 먹으면 좋아요.
당근, 무, 양파, 마늘 같은 뿌리 채소는 탄수가 있으니 섭취량에 주의해요.

감자나 옥수수처럼 전분질이 많은 채소는 먹지 않아요.

코코넛오일채소구이
_2인분

1인분	칼로리	지방	단백질	탄수화물	식이섬유
	507	44.7g	17.9g	14.6g	4.9g

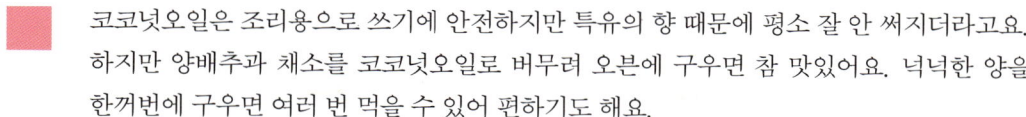

코코넛오일은 조리용으로 쓰기에 안전하지만 특유의 향 때문에 평소 잘 안 써지더라고요. 하지만 양배추과 채소를 코코넛오일로 버무려 오븐에 구우면 참 맛있어요. 넉넉한 양을 한꺼번에 구우면 여러 번 먹을 수 있어 편하기도 해요.

재료

양배추 200g
브로콜리 한 통(200g)
소시지 160g
코코넛오일 3큰술
파르메산 치즈 20g
소금, 후추

만들기

1. 양배추와 브로콜리는 한입 크기로 잘라둔다.
2. 1의 양배추와 브로콜리에 코코넛오일과 소금, 후추를 넣어 고루 버무린다.
3. 소시지는 칼집을 내준다.
4. 넓은 쿠키팬에 2를 넓게 펼쳐 깔고 한 켠에 소시지를 올린다.
5. 파르메산을 갈아 고루 뿌린 뒤 200℃ 예열된 오븐에서 30분 굽는다.

팁
이케아 비스트로 소시지를 사용했어요. 고기 함량이 96% 이상이고 그 중 약 50%는 국산 돈육을 사용하는 등 성분이 꽤 괜찮아요.

팁
2번 과정에서 코코넛오일이 고체 상태일 경우 비닐장갑을 낀 손으로 굳은 오일을 으깨며 버무려 주세요.

포인트

소시지나 베이컨은 안 먹는 게 제일 좋지만 도시락 싸기에 유용한 재료임은 분명해요. 구입할 땐 성분표를 꼭 확인해 당분이 적게 들어간 걸 고르고 특히 소시지의 경우 고기 함량이 90퍼센트 이상인 제품을 고르세요.

콜리플라워맥앤치즈
_4인분

| 1인분 | 칼로리 521 | 지방 42.8g | 단백질 23.4g | 탄수화물 11.5g | 식이섬유 3.1g |

주말에 만들어요

마카로니 대용으로 콜리플라워가 들어가는 맥앤치즈예요. 오이 피클이나 간단한 샐러드를 곁들여 도시락으로 준비해 보세요.

재료

손질된 콜리플라워 500g
베이컨 120g
대파 100g
생크림 3/4컵
슈레드 체더치즈 150g
슈레드 모차렐라 100g
슈레드 파르메산 20g
머스터드 파우더 1/2작은술
버터 20g
소금, 후추

만들기

1. 콜리플라워는 1~2cm 크기로 자르고, 베이컨은 1cm 너비로 자르고 대파는 잘게 썬다.
2. 콜리플라워를 내열용기에 담고 랩이나 뚜껑을 씌우지 않은 채 전자레인지에 4분 돌린 후 고루 섞어 다시 3분, 또 고루 섞은 후 3분을 돌린다.
3. 팬에 베이컨을 바삭하고 노릇하게 볶아 덜어낸다.
4. 팬에 남아있는 베이컨 기름에 버터를 더한 후 대파를 넣고 중불에 천천히 볶는다.
5. 4의 대파가 노릇하게 익으면 불을 약하게 줄이고 생크림, 체더치즈, 머스터드 파우더를 넣은 뒤 고루 저어주며 체더치즈를 녹인다.
6. 체더치즈가 녹아 고루 섞이면 2의 콜리플라워와 모차렐라, 파르메산을 넣고 잘 익도록 저어주며 소금과 후추로 간한다.
7. 4의 바삭하게 구운 베이컨을 뿌려 먹는다.

> **팁**
> 2번 과정에서 콜리플라워가 완전히 익을 때까지 전자레인지에 돌리면 돼요.

포인트

콜리플라워를 전자레인지에 익힐 때 랩이나 뚜껑을 씌우지 않아야 수분이 날아가 맥앤치즈를 만들었을 때 국물이 흥건하지 않아요. 다른 방법으로는 콜리플라워를 데쳐서 익히지 않고 찜기에 쪄서 만들 수 있어요.

떠먹는 레이어드 타코
_3인분

| 1인분 | 칼로리 437 | 지방 35.8g | 단백질 21.1g | 탄수화물 9.4g | 식이섬유 4.1g |

주말에 만들어요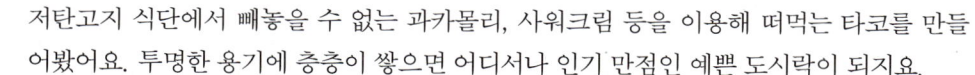

■ 저탄고지 식단에서 빼놓을 수 없는 과카몰리, 사워크림 등을 이용해 떠먹는 타코를 만들어봤어요. 투명한 용기에 층층이 쌓으면 어디서나 인기 만점인 예쁜 도시락이 되지요.

재료

다진 소고기 200g
아보카도 과육 150~200g
사워크림 150g
토마토 큰 것 1개
슈레드 체더치즈 60g
아보카도오일 1큰술
칠리파우더 1.5작은술
레몬즙 2~3작은술
다진 적양파 2큰술
소금, 후추
잘게 썬 고수(선택)

만들기

1. 팬에 아보카도오일을 두르고 다진 소고기, 칠리파우더, 소금 1/4작은술을 넣어 고슬고슬하게 볶은 후 후추를 약간 뿌려 식혀둔다.
2. 아보카도 과육에 레몬즙과 다진 적양파, 소금과 후추를 약간 넣고 포크로 아보카도를 으깨며 섞어 과카몰리를 만든다.
3. 토마토는 씨 부분을 제거하고 사방 1cm 크기로 잘라둔다.
4. 300~400ml 사이즈의 용기 세 개에 볶은 소고기를 나누어 담고 과카몰리, 자른 토마토, 사워크림, 체더치즈 순으로 나누어 담는다.
5. 기호에 따라 고수를 뿌린다.

팁 아보카도 과육은 큰 것 1개 분량이에요.

팁 칠리파우더는 파프리카, 커민, 양파, 마늘 등 칠리를 만들기 위한 스파이스 들을 혼합한 양념이에요.

포인트

슈레드 체더치즈 대신 대형 마트에서 판매하는 체더를 메인으로 서너 가지 섞어 놓은 슈레드 치즈를 사용해도 좋아요.

파프리카번햄샌드위치
_1인분

| 1인분 | 칼로리 530 | 지방 45.9g | 단백질 18.8g | 탄수화물 16.4g | 식이섬유 8.6g |

귀찮음이 최고조에 달해요. 쉽고도 상큼한 도시락이 필요해요

■ 빵 대신 파프리카를 이용해 만든 샌드위치예요. 맛은 익히 아는 재료들이지만 달콤한 파프리카가 더해진 그 맛의 조합은 상상 이상이니 꼭 만들어보세요.

재료

파프리카 100g
달걀 1개
상추 1장
아보카도 1/2개
샌드위치용 슬라이스햄 60g
마요네즈 1큰술
옐로우 머스터드 1작은술
라드 1/2큰술
소금

만들기

1. 팬에 라드를 녹이고 소금으로 간하며 양면을 모두 익힌 달걀 프라이를 만든다.
2. 상추는 잘 씻어 물기를 제거하고 아보카도는 씨를 빼고 슬라이스한다.
3. 2조각의 파프리카 오목한 면에 마요네즈 1/2큰술과 옐로우 머스터드 1/2작은술씩 펴 바른다.
4. 파프리카 위에 상추, 달걀 프라이, 슬라이스햄, 아보카도를 얹고 파프리카로 덮어 랩으로 감싸 고정한다.

팁
파프리카 한 개에서 오목한 면 두 장을 잘라내면 약 100g이에요.

팁
3번 과정에서 파프리카는 씨가 있는 부분을 중심으로 사진 모양으로 잘라내고 번으로 사용해요.

포인트

달걀 프라이를 만드는 것 외에는 조리 과정이 없어 여름에 잘 어울리는 샌드위치예요. 도시락 싸기 귀찮은 목요일이나 금요일에 간단하게 싸기 좋아요..

90초빵햄사라다샌드위치
_1인분

| 1인분 | 칼로리 659 | 지방 61.9g | 단백질 19.2g | 탄수화물 10.3g | 식이섬유 3.3g |

주말에 만들어요 | 월

아주 어릴 때 부모님과 밤기차 여행 중에 먹은 기억이 있는 샌드위치예요. 제 어린 기억에도 그 샌드위치가 아주 맛있었는데 저희 엄마는 채 썬 양배추와 햄을 마요네즈와 케첩으로 버무려 식빵 사이에 넣고 만들어 주셨어요. 누구나 먹어봤음직한 추억의 사라다 샌드위치죠.

재료

90초빵 1개
크림치즈 30g
양배추채 50g
샌드위치용 슬라이스햄 2장
마요네즈 1.5큰술
홀그레인 머스터드 1/2작은술
에리스리톨 1/2작은술
후추 약간

90초빵(1개)

녹인버터 20g
아몬드가루 20g
달걀 1개
알루미늄 프리 베이킹파우더 1/2작은술

만들기

1. 크림치즈는 부드러워지도록 실온에 꺼내둔다.
2. 슬라이스햄은 채 썬다.
3. 양배추에 슬라이스햄, 마요네즈, 홀그레인 머스터드, 에리스리톨, 후추를 넣고 젓가락으로 잘 섞는다.
4. 90초빵을 반으로 가른 후 크림치즈를 각각 펴 바르고 3을 넣어 샌드위치를 만든다.
5. 랩이나 식품용 코팅 노루지로 감싸 고정시킨다.

🔸 90초빵 만들기

1. 식빵 크기 정도 되는 내열용기에 90초빵 재료를 모두 담고 스푼으로 고루 섞은 후 전자레인지에 90초 돌린다.
2. 식힌 후 용기에서 꺼낸다.

> **팁**
> 아몬드가루를 구입할 때 성분표에 100%라고 되어 있어도 밀가루가 들어 있는지 판매처에 확인 후 구입하세요.

> **팁**
> 5번 과정의 식품용 노루지는 한 면만 비닐코팅이 되어 있어요. 코팅된 면에 음식이 닿도록 하고 겉면은 코팅되지 않았기 때문에 테이프를 붙여 고정시킬 수 있어요.

포인트

빵이 젖지 않도록 크림치즈를 발라준 후 속재료를 넣어 만들어요.

파프리카번커리치킨오픈샌드위치
_2인분

1인분	칼로리	지방	단백질	탄수화물	식이섬유
	519	43g	25.8g	9.8g	2.1g

슬슬 귀찮아져요. 이틀분을 준비해도 좋아요 수

■ 키토식을 하기 전 일반식을 할 때는 커리치킨샐러드에 건크랜베리나 건포도를 넣었는데 파프리카를 번으로 사용해 샌드위치를 만들어 먹으니 파프리카의 달콤한 맛이 크랜베리나 건포도 못지않게 잘 어울려요.

재료

닭가슴살 200g
셀러리 50g
피칸 20g
파프리카 중간 크기 2개
마요네즈 100g
커리파우더^팁 1/2작은술
소금
셀러리잎 약간

만들기

1. 냄비에 닭가슴살과 셀러리잎을 넣고 닭가슴살이 충분히 잠길 만큼 찬물을 부은 후 소금을 약간 넣어 중불에 올린다^팁.
2. 1의 물이 끓기 시작하면 불을 끄고 뚜껑을 덮어 10분간 닭가슴살을 익힌다^팁.
3. 2의 닭가슴살을 꺼내 식으면 잘게 찢어둔다. 셀러리는 잘게 썰고 피칸은 굵직하게 다진다.
4. 닭가슴살, 셀러리, 피칸에 마요네즈와 커리가루를 고루 섞어 커리치킨샐러드를 만든다.
5. 파프리카를 반 갈라 씨 부분을 제거하고 오목한 부분에 4의 커리치킨샐러드를 채워 넣어 오픈샌드위치 4개를 만든다.

팁
커리파우더는 커리용 향신료들만 섞어놓은 거예요. 슈퍼에서 흔히 파는 커리가루에는 밀가루와 전분, 식물성 오일이 들어 있으니 피하는 게 좋아요.

팁
1번과 2번 방법으로 닭가슴살을 조리하면 퍽퍽하지 않게 익힐 수 있어요.

포인트

로티세리치킨 등 익힌 닭고기의 살을 발라서 만들어도 좋아요.

179

낫토소시지볶음
_1인분

1인분	칼로리	지방	단백질	탄수화물	식이섬유
	669	53.7g	30.5g	18.6g	7.2g

슬슬 귀찮아지지만 맛있는 게 필요해요   수

샌프란시스코에서 공부하던 시절 일본인 친구의 어머니가 낫토를 소시지와 볶아 반찬을 해준다는 얘기를 들었어요. 키토식을 하게 된 후 낫토를 맛있게 먹는 방법을 고민하다 김치를 넣어 소시지와 볶았더니 아주 맛있고 달걀을 함께 볶아내면 식사로도 든든해 즐겨먹는 요리가 되었어요.

재료

낫토 1팩
소시지^팁 80g
국물 짜낸 김치 100g
대파 1/2대
달걀 2개
라드 2큰술
쪽파 약간
통깨 약간

만들기

1. 소시지는 어슷썰어두고 국물을 쪽 짜낸 김치와 대파는 각각 송송 썰어둔다.
2. 팬에 라드 1큰술을 두르고 송송 썬 대파를 중불에 볶는다.
3. 대파가 노릇해지기 시작하면 김치랑 소시지를 함께 볶는다.
4. 김치와 소시지가 충분히 익으면 낫토를 넣어 섞은 후 한 켠으로 밀어놓고 빈 공간에 라드 1큰술을 녹이고 달걀 프라이를 만든다.
5. 달걀 프라이가 반숙으로 익으면 휘저어 준 후 모두 함께 섞으며 볶는다.
6. 쪽파와 통깨를 뿌린다.

팁
낫토에 들어 있는
간장소스에는
단맛이 조미되어 있으니
먹지 않는 게 좋아요.

이케아 비스트로 소시지를
사용했어요.
고기 함량이 96% 이상이고
그 중 약 50%는
국산 돈육을 사용하는 등
성분이 꽤 괜찮아요.

포인트

볶던 재료에 생달걀을 바로 넣어 섞으면 곤죽이 되고 지저분해지니 반숙 프라이를 만든 후 휘저어 나머지 재료와 볶아주세요.

햄치즈롤샌드위치
_4개

| 4개 | 칼로리 573 | 지방 52.1g | 단백질 22.5g | 탄수화물 7.4g | 식이섬유 0.4g |

조금만 더 힘을 내요

지치고 피곤해 만사가 귀찮을 때 간단히 만들어 먹던 간식이에요. 한두 개 먹다 보면 맛도 있고, 기분도 금세 좋아지는데 의외로 든든해서 식사 때가 되어도 배가 고프지 않다는 게 함정이에요. 삶은 달걀이나 아보카도를 곁들이면 한 끼 식사로도 충분해요.

재료

샌드위치용 슬라이스햄 4장
슬라이스 치즈 4장
상추 4장
씨 뺀 올리브 4알
마요네즈 2큰술
옐로우 머스터드 2작은술

만들기

1. 마요네즈와 옐로우 머스터드를 잘 섞어둔다.
2. 슬라이스햄을 한 장 깔고 그 위에 치즈 한 장을 올린 후 1의 소스를 바른다.
3. 2 위에 상추를 한 장 올린 후 전체를 돌돌 말아 올리브 한 알 끼운 꼬치로 고정시킨다.

팁
꽃상추는 꼬불꼬불 부피가 크니 청상추를 써야 깔끔하게 잘 말아져요.

포인트
조리가 필요 없어 재료만 있다면 뚝딱 만들 수 있는 도시락이에요.

허브생선전
_2인분

1인분	칼로리	지방	단백질	탄수화물	식이섬유
	421	30.3g	34.1g	0.5g	0g

주말에 만들어 냉장 보관해요 월 화   냉동 보관해요 목 금

생선전을 만들어 소분해서 냉동한 뒤 먹고 싶을 때마다 꺼내 먹는 것도 쏠쏠한 재미가 있지요. 다양한 허브를 이용하면 비린 맛을 싫어하는 사람에게도 권하기 좋아요. 핑거푸드로도 손색 없어요.

재료

동태포 300g
달걀 3개
말린 바질 1/4작은술
말린 파슬리 1/4작은술
기버터 3큰술
소금, 후추

> **팁**
> 오레가노나 파슬리,
> 바질 등
> 허브는 기호에 따라 선택해요.

만들기

1. 동태포는 완전히 해동시킨 후 채반에 담아 소금과 후추를 뿌려 물기를 빼둔다.
2. 달걀은 소금으로 간하여 바질이나 파슬리 등 허브류를 넣고 잘 풀어둔다.
3. 팬에 기버터를 1큰술 녹이고 동태포를 달걀물에 담갔다가 노릇하게 구워 식힌다.
4. 식힌 동태포는 다시 한 번 달걀물에 담갔다가 굽는다.

> **팁**
> 3, 4번 과정에서 기버터를
> 계속 추가하며 동태포를 굽는다.

포인트

1. 밀가루 없이 달걀만 입혀 생선전을 구우면 부스러지기 쉽지만 식힌 후 한 번 더 달걀물을 입혀 구우면 단단해져서 부스러지지 않아요.
2. 허브향과 기버터의 향이 어우러져 한식 동태전과는 다른 느낌의 생선전이에요. 한식 동태전을 만들 경우 달걀물에서 말린 허브를 빼고 기버터 대신 라드나 아보카도오일을 사용해 같은 방법으로 만들면 되지요.

달걀가득치즈꼬리김밥
_2줄

| 1줄 | 칼로리 441 | 지방 33.9g | 단백질 27g | 탄수화물 8.2g | 식이섬유 0.8g |

주말에 재료를 준비해 출근 전에 얼른 만들어요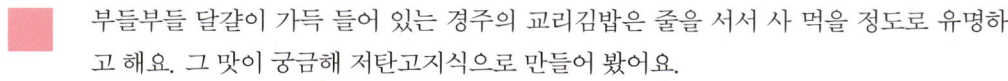

부들부들 달걀이 가득 들어 있는 경주의 교리김밥은 줄을 서서 사 먹을 정도로 유명하다고 해요. 그 맛이 궁금해 저탄고지식으로 만들어 봤어요.

재료

달걀 4개
오이 1/2개
베이컨 4줄(120g)
익은 김치 100g
슬라이스 치즈 6장
김밥용 김 2장
아보카도오일 약간
소금

만들기

1. 달걀은 소금으로 간을 하여 잘 풀어 팬에 아보카도오일을 두르고 지단을 부친다.
2. 지단은 완전히 식힌 후 돌돌 말아 얇게 채 썬다.
3. 오이는 길이로 4등분해 씨 부분을 도려내고 소금으로 밑간하여 팬에 아보카도오일을 약간 두른 후 강불에 살짝 볶는다.
4. 베이컨은 자르지 않고 팬에 구워 식혀둔다.
5. 김치는 물에 헹궈 물기를 꼭 짜둔다. 슬라이스 치즈 중 2장만 2등분하여 잘라둔다.
6. 김발에 김밥용 김을 세로 방향으로 한 장 놓고 슬라이스 치즈 2장을 속재료 놓을 위치에 나란히 깐 후 반대편 끝에는 2등분한 치즈를 나란히 놓는다.
7. 2장의 치즈 위에 채 썬 지단, 볶은 오이, 구운 베이컨, 씻은 김치를 가지런히 올리고 단단히 말아 끝부분이 아래로 가게 잠시 두었다가 먹기 좋은 크기로 자른다.

팁
1번 과정에서 한 번에 부치면 달걀 양이 많아 지단이 두꺼워지니 팬 사이즈에 따라 2~3회 나누어 부쳐요.

팁
6번 과정에서 2등분한 치즈는 끝부분의 접착제 역할을 해요.

포인트

슬라이스 치즈는 냉장고에서 바로 꺼내 사용하기보다 실온에 미리 꺼내 두어야 말랑해져서 접착이 잘 돼요.

고추잡채
_2인분

| 1인분 | 칼로리 416 | 지방 29.6g | 단백질 24.6g | 탄수화물 12.6g | 식이섬유 3.3g |

주말에 만들어요 월 화

■ 고추잡채는 보통 굴소스를 이용해 만들지만 리퀴드 아미노스(진간장)로 양념해 만들어도 충분히 맛있어요. 고기와 함께 넉넉한 양의 피망을 볶아내면 꽃빵이 생각나지 않을 정도로 포만감도 있으니 도시락으로 꼭 준비해 보세요.

재료

잡채용 돼지고기 200g
피망 3개(손질 후 약 300g)
홍고추 1개
양파 100g
다진 마늘 1작은술
라드 2큰술
리퀴드 아미노스 1큰술
참기름 1/2작은술
소금, 후추

돼지고기 양념

리퀴드 아미노스 1작은술
그린바나나파우더 1/2작은술
대창부 1작은술
참기름 1/4작은술
후추 약간

만들기

1. 잡채용 돼지고기에 분량의 돼지고기 양념을 모두 섞어 고루 버무린다.
2. 피망과 홍고추는 씨를 제거한 후 채 썰고 양파도 채 썬다.
3. 웍에 라드 1큰술을 두르고 1의 돼지고기를 볶아 완전히 익으면 덜어낸다.
4. 웍에 남은 라드 1큰술을 두르고 약불에 다진 마늘을 천천히 볶아 향을 낸 후 불을 최대한 세게 키우고 2의 피망, 홍고추, 양파를 넣어 볶는다.
5. 채소가 전체적으로 뜨거워지고 양파의 숨이 약간 죽으면 채소를 한 켠으로 몰아놓고 웍의 빈 공간에 리퀴드 아미노스를 넣어 자글자글 졸인 후 채소와 섞어준다.
6. 5에 3의 돼지고기를 넣어 고루 섞으며 볶아주고 부족한 간은 소금으로 맞춘 후 불에서 내려 참기름과 후추를 넣어 섞는다.

> **팁**
> 5번 과정에서
> 계속 강불을 유지해요.

포인트

1. 돼지고기 밑간에 들어가는 그린바나나파우더는 전분 같은 역할(고기를 전분에 버무려 한 번 튀긴 후 다시 조리해 식감을 부드럽게 해주는 조리법)을 하는데 없다면 생략해도 좋아요.
2. 피망 등 채소를 볶을 때는 최대한 강불을 유지해야 물기 없이 맛있게 볶아져요.

명란마요비빔면
_1인분

| 1인분 | 칼로리 246 | 지방 22.2g | 단백질 5.8g | 탄수화물 7.1g | 식이섬유 0g |

슬슬 귀찮아져요

명란과 마요네즈로 고소하고 감칠맛 나는 비빔면을 만들었어요. 이 비빔면만으로는 칼로리도 낮고 양도 부족할 수 있으니 삶은 달걀이나 참치양배추전(158쪽), 허브생선전(184쪽) 등을 곁들이면 좋아요. 미역국수는 붇지 않고 식감도 부드러워 차갑게 먹는 도시락 요리에도 잘 어울려요.

재료
미역국수 1봉지(180g)
통깨 약간
무순 약간(선택)

명란마요소스
껍질 벗긴 명란 30~40g
마요네즈 2큰술
잘게 다진 대파 흰부분 1큰술
리퀴드 아미노스 1/4작은술
참기름 한 방울

만들기
1. 미역국수는 찬물에 헹군 후 물기를 꼭 짜둔다.
2. 명란마요소스 재료를 모두 섞은 후 미역국수와 고루 비빈다.
3. 통깨와 무순(선택)을 올려 먹는다.

명란의 제품에 따라
염도 차이가 있으니
간을 보며 양을 조절하세요.
조금 짭짤해야
비빈 후 간이 맞아요.

포인트
참기름은 향과 맛이 강해 많이 넣으면 다른 식재료의 맛을 느낄 수 없으니 이 요리에서는 꼭 한 방울만 넣으세요.

간장윙구이
_2인분

1인분	칼로리	지방	단백질	탄수화물	식이섬유
	794	55.2g	66.9g	3g	0.4g

슬슬 귀찮아져요 목 금

맛이 순하고 살짝 달짝지근해서 아이들도 좋아할 맛이에요. 윙 500g은 혼자서도 먹어치울 양이지만 단백질 섭취량이 많아지니 250g 정도를 1인분으로 잡았어요. 대신 채소스틱+사워크림을 곁들이거나 오일 드레싱의 간단한 샐러드를 곁들여 먹으면 좋아요.

재료

닭윙(아랫날개) 500g
양파 50g
다진마늘 1작은술
리퀴드 아미노스 2큰술
에리스리톨 1.5큰술
식초 1큰술
아보카도오일 1큰술

만들기

1. 윙을 제외한 모든 재료를 미니믹서에 갈아둔다.
2. 윙은 깨끗이 씻어 물기를 제거하고 1을 넣어 고루 버무린 후 30분 정도 재워둔다.
3. 넓은 쿠키팬에 종이 포일을 깔고 여분의 양념을 털어낸 윙을 겹치지 않게 놓은 후 200℃ 예열된 오븐에서 20분 굽는다.
4. 윙을 뒤집어 10분 더 굽는다.

팁
식초가 들어가지만 신맛은 나지 않고 좀 더 깔끔한 맛을 내는 역할을 해요.

포인트

1. 여분의 양념이 탈 수도 있어요. 굽는 동안 타는 냄새가 나더라도 옆으로 흐른 양념이 타는 것이니 걱정하지 않아도 돼요.
2. 간장윙구이를 만들 때 에어프라이어를 이용해도 좋아요. 사용하는 기계의 사양에 따라 온도나 시간은 조절해 주세요.

찜닭느낌닭고기볶음
_1인분

| 1인분 | 칼로리 507 | 지방 31.7g | 단백질 39.2g | 탄수화물 16.8g | 식이섬유 2.2g |

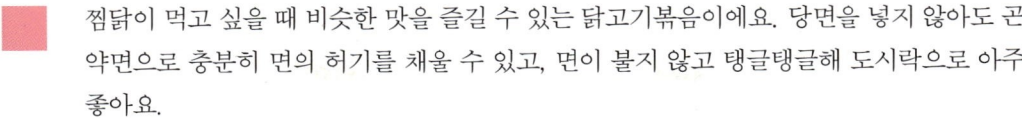

찜닭이 먹고 싶을 때 비슷한 맛을 즐길 수 있는 닭고기볶음이에요. 당면을 넣지 않아도 곤약면으로 충분히 면의 허기를 채울 수 있고, 면이 불지 않고 탱글탱글해 도시락으로 아주 좋아요.

재료

닭허벅지살 200g
오이 1/4개
표고버섯 2개
양파 50g
건고추 1/2~1개
실곤약 1/2봉지(80g)
라드 1큰술
참기름 1/4작은술

닭고기용 양념

리퀴드 아미노스 1작은술
대장부 1작은술
그린바나나파우더 1/2작은술
다진 생강 1/4작은술

볶음용 양념

리퀴드 아미노스 1큰술
대장부 1큰술
에리스리톨 1큰술
잘게 썬 대파 1/2큰술
다진 마늘 1/2작은술
다진 생강 1/4작은술
후추 약간

만들기

1. 분량의 재료를 섞어 볶음용 양념을 만들어 둔다.
2. 닭허벅지살은 한입 크기로 잘라 분량의 닭고기용 양념을 모두 넣고 버무린다.
3. 오이는 반 갈라 씨 부분을 스푼으로 제거하고 큼직하게 어슷썬다. 표고버섯은 기둥을 떼어내고 0.5cm 두께로 잘라둔다. 양파는 채 썰고 건고추는 1cm 너비로 어슷썬다.
4. 팬에 라드를 녹이고 2의 닭허벅지살을 충분히 익도록 볶아 덜어낸다.
5. 팬에 남아 있는 기름에 오이, 표고, 양파, 건고추를 넣고 볶다가 재료가 고루 뜨겁게 볶아지면 실곤약을 넣고 함께 볶는다.
6. 5에 미리 만들어 둔 볶음용 양념을 넣고 잘 섞이도록 볶은 후 4의 닭고기를 넣고 함께 볶는다.
7. 불에서 내린 후 참기름을 넣고 섞는다.

포인트

닭고기용 양념에 들어가는 그린바나나파우더는 전분 같은 역할(고기를 전분에 버무려 한 번 튀긴 후 다시 조리해 식감을 부드럽게 해주는 조리법)을 하는데 없다면 생략해도 좋아요.

달짝지근호박전
_1인분

| 1인분 | 칼로리 474 | 지방 41.6g | 단백질 9.6g | 탄수화물 17.2g | 식이섬유 4.2g |

주말에 만들어요 월

■ 주키니에 단호박을 더해 달짝지근 호박전을 만들었어요. 고소하고 달짝지근한 호박전을 따뜻하게 데워 차가운 사워크림에 찍어 먹으면 정말 맛있답니다. 차게 먹어도 괜찮아요.

재료
주키니 200g
단호박 100g
달걀 1개
라드 2큰술
소금
사워크림 4큰술

만들기
1. 단호박은 껍질째 치즈 그레이터의 제일 큰 구멍을 이용해 잘라 둔다 ^팁.
2. 주키니는 치즈 그레이터의 제일 큰 구멍을 이용해 자른 후 소금 1/2작은술에 버무려 1분간 두었다가 물기를 최대한 꼭 짠다.
3. 단호박과 주키니에 달걀을 넣고 소금 두 꼬집 정도 넣고 젓가락으로 고루 섞는다.
4. 팬에 라드를 1큰술 녹이고 3의 반죽을 6~7cm 크기로 도톰하게 떠넣은 후 중불에서 앞뒤로 노릇하게 굽는다 ^팁.
5. 사워크림에 찍어 먹는다.

팁
1번과 2번 과정에서 단호박과 주키니는 가늘게 채 썰어도 괜찮아요.

4번 과정에서 라드를 추가하며 구워요. 전부 6장 나왔어요.

팁

포인트
주키니에는 수분이 꽤 있기 때문에 소금에 절여 물기를 제거한 후 만들어야 반죽이 묽지 않아요.

키토 도시락,
맛있게 자알 먹었습니다.

고맙습니다.

저탄고지 요리 연구가 진주의 도움으로
월, 화, 수, 목, 금
상황에 맞게 도시락을 준비하니
이는 행한 대로 푸짐하고 풍성한 식사로
기름지고 든든한 나날을 보내며
날씬하고 건강한 사람으로 거듭났더라.

- 키토복음 9장 26절